もくじ

光村図書版　英語２年

リスニング音声はこちらから聞けるよ！

音声をwebサイトよりダウンロードするときのパスワードは『9GFUT』です。

テストの範囲や学習予定日をかこう！

学習計画	
出題範囲	学習予定日
5/14 テストの日	5/10
	5/11

Unit 1

Hajin's Diary

過去形（一般動詞と be 動詞）

教 p.9～p.11

1 過去形（一般動詞）

→チェック！(1)～(3)

過去について言うときは動詞を過去形にする。一般動詞には，語尾に(e)d を付けて過去形を作る規則動詞と，不規則に変化する不規則動詞がある。

現在形 I **go** to Busan. 私はプサンに行きます。

⇩

過去形 I **went** to Busan. 私はプサンに行きました。
go は不規則動詞

現在形 I **visit** my grandparents. 私は祖父母を訪問します。

⇩

過去形 I **visited** my grandparents. 私は祖父母を訪問しました。
規則動詞は(e)d を付ける

一般動詞の過去形

▶**規則動詞**
ed を付ける：play → played
d だけを付ける：use → used
y を i にかえて ed を付ける
：study → studied

▶**不規則動詞の例**
come → came　tell → told
have → had　see → saw

2 過去形（be 動詞）

→チェック！(4)(5)

am，is の過去形は was，are の過去形は were。

現在形 How **is** your trip to Korea? 韓国への旅行はどうですか。

⇩

過去形 How **was** your trip to Korea? 韓国への旅行はどうでしたか。
is の過去形

現在形 They **are** all interested in Japan. 彼らはみんな日本に興味をもっています。

⇩

過去形 They **were** all interested in Japan. 彼らはみんな日本に興味をもっていました。
are の過去形

過去の疑問文・否定文

▶**一般動詞**

肯定文 I **enjoyed** the party yesterday.
疑問文 **Did** you enjoy the party yesterday?
Did を文頭に　動詞は原形
否定文 I **didn't** enjoy the party yesterday.
did not の短縮形

▶**be 動詞**

肯定文 I **was** hungry this morning.
疑問文 **Were** you hungry this morning?
be 動詞を主語の前に
否定文 I **wasn't** hungry this morning.
was not の短縮形

テストに出る！

5分間攻略ブック

光村図書版

英語 2年

教科書の重要文，
重要語句をまとめました

文法のポイントをマスター

重要語句の音声付き
←音声はこちらから

赤シートを
活用しよう！

テスト前に最後のチェック！
休み時間にも使えるよ♪

「５分間攻略ブック」は取りはずして使用できます。

Unit 1 ~ Active Grammar 1

教科書
p.9~p.18

重要文

☑I went to Busan.	私はプサンへ行きました。
☑I visited my grandparents.	私は祖父母を訪ねました。
☑How was your trip to Korea?	韓国への旅はどうでしたか。
☑They were all interested in Japan.	彼(かれ)らはみんな日本に興味を持っていました。
☑What are you doing here?	あなたはここで何をしていますか。
— I am studying Japanese.	私は日本語を勉強しています。
☑What were you doing here?	あなたはここで何をしていましたか。
— I was studying Japanese.	私は日本語を勉強していました。
☑I was studying there. Eri came by.	私はそこで勉強していました。エリが立ち寄りました。
☑When I was studying there, Eri came by. Eri came by when I was studying there.	私がそこで勉強していたとき，エリが立ち寄りました。

重要単語・表現

♪b01

Unit 1

☑keep a diary	日記をつける
☑**anywhere**	疑 どこかへ[で]
☑**fantastic**	すばらしい
☑**night**	夜
☑**view**	眺め，景色
☑**ago**	〔期間を表す語の後に置いて〕～前に
☑**coach**	～に指導する
☑look for ～	～を探す
☑**program**	(テレビ・ラジオの)番組
☑**radio**	ラジオ(放送，番組)
☑**then**	そのとき
☑**came**	come の過去形
☑**comic book**	漫画(まんが)雑誌[本]
☑**excited**	興奮して，わくわくして
☑**free**	手が空いて，暇で
☑**gift**	贈(おく)り物，土産(みやげ)物
☑**nervous**	不安で，緊張して
☑**sunny**	明るく日の照る，晴れた
☑**sweet**	〔複数形で〕甘い菓子
☑talk with ～	～と話す，～に相談する
☑**today**	今日(は)
☑**cloudy**	曇った
☑**evening**	夕方，晩〔通例午後6時頃から〕
☑**myself**	私自身(を[に])
☑**order**	～を注文する
☑**surprised**	驚(おどろ)いた

ココをチェック！

☑過去進行形「～していました」
〈主語 + was[were] + 動詞の -ing 形 ～.〉

Unit 2 ～ Daily Life Scene 1

教科書 p.19~p.29

重要文

☐I don't like playing basketball.	私はバスケットボールをするのが好きではありません。
☐I'm not good at passing the ball.	私はボールをパスするのが得意ではありません。
☐Passing the ball isn't easy.	ボールをパスするのは簡単ではありません。
☐Hajin wants to shoot.	ハジンはシュートを決めたいと思っています。
☐The important thing is to pass the ball to Hajin.	大切なのはハジンへボールをパスすることです。
☐I think (that) you did a great job.	私はあなたはよくがんばったと思います。
☐I'm sure (that) you like playing basketball now.	きっと今ではあなたはバスケットボールをするのが好きです。
☐Hello. This is Yukari.	もしもし。こちらはユカリです。
☐May I speak to Bill, please?	ビルに代わってもらえますか。
☐This is Bill speaking. What's up?	こちらはビルです。どうしたの。
☐Can you come with me?	私と一緒に来てくれませんか。

重要単語・表現

♪b02

Unit 2

☐do one's best	最善を尽くす，がんばる
☐**easy**	簡単な，容易な，楽な
☐**important**	重要な，大切な
☐**thing**	こと，もの
☐**chef**	シェフ，料理長
☐**doctor**	医者
☐**driver**	運転する人，（バス・トラック・タクシーの）運転手
☐**more**	さらに多くの
☐**pilot**	（飛行機・宇宙船の）操縦士，パイロット
☐**point**	〔成績・競技などの〕点数
☐**police officer**	警官
☐**scientist**	科学者
☐**stop**	～を止める
☐be proud of ～	～を誇りにしている
☐**difficult**	難しい，困難な
☐**paint**	～を絵の具で描く
☐**castle**	城
☐**novel**	（長編）小説
☐teamwork	チームワーク，協力
☐No problem.	問題ありません。
☐What's wrong?	どうかしたのですか。
☐Congratulations!	おめでとう（ございます）。

ココをチェック！

☐動名詞（動詞の -ing 形）
☐不定詞（to + 動詞の原形）
どちらも名詞と同じような役割をする。動詞によって動名詞を使うものと不定詞を使うもの，両方を使うものがある。

Unit 3 ~ Daily Life Scene 3 ①

教科書
p.31~p.50

重要文

☐I'm going to visit my cousins in Okinawa.	私は沖縄のいとこを訪ねる予定です。
☐Are you going to visit your cousins?	あなたはいとこを訪ねる予定ですか。
— Yes, I am. / No, I'm not.	— はい，そうです。／いいえ，ちがいます。
☐I'm not going to visit my cousins.	私はいとこを訪ねる予定ではありません。
☐It will be a hot summer.	暑い夏になるでしょう。
☐Will it be a hot summer?	暑い夏になるでしょうか。
— Yes, it will. / No, it won't.	ーはい，なるでしょう。／いいえ，ならないでしょう。
☐It will not be a hot summer.	暑い夏にならないでしょう。

重要単語・表現

♪b03

Unit 3

☐go on a trip	旅行に出かける
☐**plan**	計画，予定
☐serious	本当の，真剣な
☐**tennis**	テニス
☐the day after tomorrow	明後日
☐**tomorrow**	名明日 副明日(は)
☐**airport**	空港
☐**arrive**	(ある場所に)着く，到着する
☐**cloud**	雲
☐**finish**	～を終える，～し終える
☐**flight**	定期航空便(の飛行機)，フライト
☐forecast	予報
☐**forget**	～を忘れる
☐pack	荷造りをする
☐**rain**	雨
☐**rainy**	雨の，雨降りの
☐say hi to ～	～によろしくと言う
☐**snowy**	雪の，雪の降る
☐sunglasses	サングラス
☐**weather**	天気，天候
☐**will**	〔未来を表して〕～だろう
☐**wind**	風
☐**windy**	風の強い，風のある
☐Are you kidding?	(相手の言ったことに対して)冗談でしょう。まさか。
☐I'd like to ～.	～したいです。
☐Take care.	じゃあ，また。
☐**believe**	～を信じる，～を本当のことだと思う
☐board	〔船・飛行機・列車・バスなどに〕乗り込む

ココをチェック！

☐未来のことを言う

〈主語 + am[are, is] going to + 動詞の原形～.〉

〈主語 + will + 動詞の原形.〉

Let's study

Unit 3 ～ Daily Life Scene 3 ②

教科書 p.31~p.50

重要文

☐If you're hungry, we can go for a pizza. We can go for a pizza if you're hungry.	もしおなかがすいているなら，ピザを買いに行ってもいいです。
☐Shall I take your order?	注文をお取りしましょうか。
☐Yes, please.	はい，お願いします。
☐Can I have a large-size pizza?	Ｌサイズのピザをお願いしてもいいですか。
☐Sure. Would you like some drinks?	かしこまりました。飲み物はいかがですか。
☐Three sodas, please.	ソーダを３つお願いします。
☐Will you bring them now?	それらを今持ってきてくれませんか。

重要単語・表現

♪b04

Unit 3

☐central	中央にある
☐**drive**	車で行く， 車を運転する
☐flight attendant	（旅客機の）客室乗務員
☐go for ～	～を買いに[取りに]行く
☐have a picnic	ピクニックをする
☐**if**	もし～ならば
☐on the way home	家に帰る途中で
☐passenger	（乗物の）乗客，旅客
☐**pizza**	ピザ
☐**straight**	まっすぐに，じかに
☐suitcase	スーツケース
☐**theater**	劇場
☐arrive at ～	～に着く，到着する
☐**as**	～として
☐**borrow**	～を（無料で）借りる
☐**clothes**	衣服，身に着けるもの
☐**e-mail**	Ｅメール，電子メール
☐**information**	情報
☐**laugh**	（声を出して）笑う
☐loud	大きい，うるさい
☐**p.m.**	午後
☐**shop**	（通常小さな）店
☐souvenir	土産（みやげ）
☐take ～ to ...	～を…へ連れていく
☐**tonight**	今夜，今晩
☐I'm starving!	おなかがぺこぺこです。
☐See you soon.	ではまた。じゃあね。

Let's Read 1

☐**baby**	赤ちゃん
☐**begin**	〔事が〕始まる
☐**boy**	男の子，少年
☐**could**	～することができた
☐**daughter**	娘
☐**die**	死ぬ

ココをチェック！

☐「もし～なら…」
〈If ＋ 主語 ＋ 動詞 ...〉

Unit 3 ~ Daily Life Scene 3 ③

教科書
p.31~p.50

重要単語・表現

♪b05

Let's Read 1

☑dream	夢を見る
☑fall off ～	～から落ちる
☑feel	～であるかのような気がする，～だと感じる
☑finally	ついに，やっとのことで，ようやく
☑find	～を見つける，発見する
☑found	find の過去形，過去分詞
☑get on ～	～に乗る
☑go home	帰宅する
☑grow up	成長する，大人になる
☑hair	毛，髪の毛
☑happen	(事が)起こる，生じる
☑heart	心，感情
☑injured	傷ついた
☑keep on -ing	～し続ける
☑kick	～を蹴る
☑leave	～を置いて[残して]いく
☑make ～ out of ...	…から～を作る
☑man	(男の)部下
☑move	～を感動させる
☑once upon a time	昔々，あるとき
☑outside	外に[へ・で]
☑quick	すばやく，ただちに
☑ride on ～	～に乗る
☑run	走る，駆ける
☑run away	逃げる，走り去る
☑said	say の過去形，過去分詞
☑say	～を言う
☑shoot	(弾丸・矢など)を(～に向かって)撃つ，射る
☑sleep	眠る，睡眠をとる
☑take care of ～	～の世話をする
☑take part in ～	～に参加する
☑take ～ away from ...	～を…から取り上げる
☑town	町

World Tour 1

☑foot	〔長さの単位〕フィート，フット(30.48cm)
☑feet	foot の複数形

You Can Do It! 1

☑among	～に含まれて
☑country	国
☑girl	女の子，少女
☑share	～を分かち合う
☑share ～ with ...	～を…と分かち合う
☑take a photo	写真を撮る

Daily Life Scene 3

☑bread	パン
☑large	大きい，広い
☑thirsty	喉が渇いた
☑tomato	トマト
☑I'll be right back.	すぐに戻って来ます。
☑Shall I ～?	(私が) ～しましょうか。

Unit 4 ～ Active Grammar 4

教科書 p.51~p.61

重要文

☐There is a ferry to the island.	その島へのフェリーがあります。
☐Is there a ferry to the island?	その島へのフェリーがありますか。
— Yes, there is. / No, there isn't.	— はい，あります。／いいえ，ありません。
☐There are a lot of theaters on Broadway.	ブロードウェイにはたくさんの劇場があります。
☐Show me the leaflet.	私にそのパンフレットを見せて。
☐This tells you the history of the statue.	これはその像の歴史をあなたに教えてくれます。
☐There are so many fun things to do here.	ここにはとてもたくさんのおもしろいするべきことがあります。
☐You have a place to stay.	あなたには滞在する場所があります。
☐Could you tell me the way to the museum?	美術館への行き方を教えていただけませんか。
☐How can I get to the school?	学校へはどのように行けばよいですか。
☐How long does it take to get to the station?	駅へ行くのにどのくらいかかりますか。

重要単語・表現

♪b06

Unit 4

☐**city**	都市，都会
☐**tour**	ツアー，見学
☐check out ～	～を調べる，検討する
☐**hand**	手
☐**history**	歴史
☐**hold**	～をしっかり持って[つかんで]いる
☐in the past	過去に，これまで
☐**ship**	(大型の，遠洋航路の)船
☐**tall**	身長が～ある，高さが～ある
☐**exercise**	運動，(主に身体を)動かすこと
☐**market**	市場
☐**something**	何か，何かあるもの[こと]
☐**concert**	コンサート，音楽会，演奏会
☐for example	たとえば
☐**nature**	自然
☐～, such as ...	～たとえば…

Daily Life Scene 4

☐**along**	～に沿って
☐**left**	〔通例 the/one's を付けて〕左

Active Grammar 4

☐**gave**	give の過去形
☐**send**	～を送る

ココをチェック！

☐「～があります」

There is[are] ～.

☐「～（人）に…（もの）を見せる」

〈show ＋ 人 ＋ もの〉

Unit 5 ~ Active Grammar 5 ①

教科書 p.63~p.74

重要文

☐You have to get down.	あなたは伏せなければなりません。
☐You don't have to take your bags.	あなたはかばんを持っていく必要はありません。
☐You must stay calm.	あなたは冷静でいなければなりません。
☐You must not leave your group.	あなたはグループを離れてはいけません。
☐We should pack a flashlight.	私たちは懐中電灯を荷物に入れるべきです。
☐You shouldn't forget some cat food.	あなたはキャットフードを忘れるべきではありません。

重要単語・表現

♪b07

Unit 5

☐**action**	行動
☐**earthquake**	地震
☐**learn**	～を学ぶ
☐**bathroom**	浴室，トイレ
☐**close**	(窓・ドア・目など)を閉じる，閉める
☐discussion	議論，討論
☐get down	かがむ，伏せる
☐**group**	集団，グループ
☐**post office**	郵便局
☐**quietly**	静かに，そっと
☐**shake**	揺れる，振動する
☐**arm**	腕
☐**both**	両方の，双方の
☐**cover**	～を覆う
☐**drop**	(さっと)体を低くする
☐go into ～	～に入る
☐**head**	頭，頭部
☐hold on	しがみつく，つかまる
☐in a group	集団の中の[に・で]
☐keep ～ safe	～を守る[保護する]
☐**knee**	ひざ
☐**must**	～しなければならない，すべきである
☐**neck**	首
☐protect	～を守る，保護する
☐**push**	押す
☐**quickly**	すぐに，即座に
☐stay away from ～	～から離れている，～に寄りつかない
☐**tree**	木，樹木
☐**wall**	(部屋などの)壁
☐**become**	～になる，～の状態になる
☐broadcasting	放送
☐emergency	非常事態，緊急事態
☐evacuation	避難
☐flashlight	懐中電灯

ココをチェック！

☐「～する必要がある」
〈have to ＋ 動詞の原形〉

☐「～しなければならない」
〈must ＋ 動詞の原形〉

☐「～すべき，～したほうがよい」
〈should ＋ 動詞の原形〉

Unit 5 ～ Active Grammar 5 ②

教科書 p.63~p.74

重要文

☐You look pale. あなたは顔色が悪そうに見えます。

☐I have a headache. 私は頭が痛いです。

☐What should I do? 私は何をすべきですか。

☐I think you should go home. 私はあなたは家に帰るべきだと思います。

重要単語・表現

♪b08

Unit 5

☐**member**	一員，メンバー
☐**prepare**	～を用意する，準備する
☐**should**	～した方がよい，～すべきである
☐**useful**	役に立つ，有用な
☐whistle	笛，ホイッスル
☐glove	手袋
☐**medicine**	薬，薬剤
☐**reason**	理由，わけ
☐**towel**	タオル
☐Let's see.	ええっと。

Daily Life Scene 5

☐**a.m.**	午前
☐attend	出席する，参加する
☐**forest**	森林，森
☐**garden**	庭，庭園
☐have fun	楽しむ，楽しい時間を過ごす
☐**join**	(活動・イベント)に参加する，加わる
☐**nothing**	何も～ない，少しも～ない
☐plant	(植物)を植える
☐**someone**	〔肯定(こうてい)で〕誰(だれ)か，ある人
☐**spend**	(時間)を過ごす[費やす，かける，使う]
☐**used**	中古(品)の
☐**volunteer**	ボランティア
☐**whole**	まるごとの，全ての

Daily Life Scene 6

☐**explain**	～を説明する
☐**finger**	(手の)指
☐**headache**	頭痛
☐**hurt**	(体の部分が)痛む，痛い
☐**knife**	ナイフ，包丁
☐**meeting**	会議，会合
☐pale	(人・顔などが)青白い
☐**sick**	病気の，具合が悪い
☐**situation**	状況
☐take some medicine	薬を飲む，薬を服用する
☐Take it easy.	無理をしないで。

Active Grammar 5

☐certainly	もちろん，その通り
☐hunt	狩りをする，狩猟する

Unit 6 ～ You Can Do It! 2 ①

教科書
p.75~p.93

重要文

☐He's here to help you.	彼はあなたを助けるためにここにいます。
☐I study English to travel abroad.	私は外国を旅行するために英語を勉強します。

重要単語・表現

♪b09

Unit 6

☐**experience**	名体験，経験 動～を経験する
☐**through**	～を通じて，～によって
☐**abroad**	外国に[へ・で]
☐girlfriend	ガールフレンド
☐**language**	言語
☐make friends	友達になる
☐arts and crafts	図工〔教科〕， (美術)工芸
☐be able to ～	～することができる， ～する能力がある
☐**because**	～だから，～なので
☐**child**	子供
☐**children**	child の複数形
☐**communicate**	気持ちを伝え合う， 意思疎通をする
☐help ～ with ...	～が…するのを手伝う
☐keep -ing	～し続ける
☐**stand**	立っている， 立ち上がる
☐talk about ～	～について話す
☐**teach**	教える
☐～ times a day	1日に～回[度]
☐**again**	再び，もう一度，また
☐fail	(学科・試験)に落ちる
☐**glad**	うれしく思う
☐**lose**	～で負ける，敗れる
☐lost	lose の過去形，過去分詞
☐**match**	試合
☐pass the exam	試験に受かる
☐pay attention to ～	～に注意を払う
☐preparation	準備(すること)
☐prize	賞
☐**surprising**	(人を)驚(おどろ)かせるような
☐**week**	週
☐**win**	勝つ，～を勝ち取る
☐won	win の過去形，過去分詞
☐**answer**	(人・質問・指示など) に答える
☐**anyway**	それにもかかわらず， それでもやはり
☐**introduce**	～を紹介する
☐**living**	生きている
☐living thing	生物
☐**question**	質問，問い
☐shrimp	エビ
☐staff	職員，従業員， スタッフ
☐starfish	ヒトデ
☐stood	stand の過去形，過去分詞
☐**touch**	名触れること，接触 動～に触れる，触る
☐Where are you from?	出身はどちらですか。

Unit 6 ～ You Can Do It! 2 ②

教科書 p.75~p.93

重要文

☐We were able to communicate well because we talked in English.
Because we talked in English, we were able to communicate well.
私たちは英語で話したので，うまく意思疎通ができました。

☐I'm glad to hear that.
私はそれを聞いてうれしく思います。

重要単語・表現

♪b10

Let's Read 2

☐**area**	地域
☐ask ～ to ...	～に…するよう頼(たの)む
☐at first	最初は，はじめは
☐at one's best	最高の状態で
☐be on one's side	～の味方である
☐because of ～	～の理由で，～が原因で
☐**become**	～になる，～の状態になる
☐**became**	become の過去形
☐**challenge**	～に挑む
☐limit	限界，限度
☐confident	自信がある，自信に満ちた
☐continue -ing	～することを続ける
☐continue to ～	～することを続ける
☐disaster	災害
☐**east**	東，東方
☐**everyday**	毎日の，日々の，日常の
☐figure skater	フィギュアスケート選手
☐gesture	身ぶり，ジェスチャー
☐**gold**	金の
☐**high school**	高校
☐injure	～を痛める，傷つける
☐inspire	(人)を鼓舞する
☐limited	限られた，限度のある
☐medal	メダル
☐**mind**	～を気にする
☐**mistake**	間違い，誤り
☐Olympic	〔the ～ s で〕オリンピック(大会)
☐on the other hand	他方では，これに対して
☐**opinion**	意見，考え
☐**receive**	受ける，受け取る
☐scared	おびえた，恐れる
☐**skate**	スケートをする
☐somehow	何とかして，どうにかして
☐**speak**	話す
☐**spoke**	speak の過去形
☐**start**	～を(することを)始める
☐succeed in -ing	～(すること)に成功する
☐**support**	～を支援する，支持する

Unit 6 ~ You Can Do It! 2 ③

教科書 p.75~p.93

重要単語・表現

♪b11

Let's Read 2

☑supporter	支援者，支持者
☑thankful	感謝している，ありがたく思う
☑**train**	トレーニングをする，訓練を受ける
☑**understand**	理解する，(意味などが)わかる
☑various	さまざまな
☑way of ~	~するやり方，~の方法
☑**word**	〔複数形で〕発言，言葉

World Tour 2

☑**business**	会社，商売，事業
☑come to ~	~するようになる
☑company	会社
☑customer	客
☑decide to ~	~することに決める，~しようと決心する
☑designer	デザイナー
☑fashion	ファッション
☑fashionable	流行の，はやりの
☑**himself**	彼自身
☑hundreds of ~	何百という~，多数の~
☑**knife**	ナイフ，包丁
☑knives	knife の複数形
☑not only ~ but also ...	~ばかりでなく…も
☑**owner**	持ち主，オーナー，所有者
☑**only**	ただ~だけ
☑poverty	貧困
☑**produce**	(製品)を製造する，生産する
☑quality	質，品質
☑sharp	(刃物などが)鋭い
☑**spread**	広まる
☑**store**	店
☑**story**	話，説明
☑**think**	考える，思う
☑**thought**	think の過去形，過去分詞

You Can Do It! 2

☑**air**	空気
☑animator	アニメ作家
☑**careful**	注意深い，慎重な
☑creative	創造的な，独創的な
☑**engineer**	エンジニア，技師
☑**express**	~を表現する
☑**face**	顔
☑**farmer**	農場経営者，農場主
☑keep up with ~	~に追いつく，遅れずについていく
☑latest	最新の，最近の
☑lots of ~	たくさんの~
☑open air	〔the を付けて〕戸外，野外
☑prefer	~が好きである，~を好む
☑researcher	研究員，調査員
☑stylist	美容師，スタイリスト
☑**till**	~まで

Unit 7 ~ Active Grammar 8 ①

教科書 p.95~p.106

重要文

☐Australia is large.	オーストラリアは大きいです。
☐Australia is larger than Japan.	オーストラリアは日本より大きいです。
☐Australia is the largest island in the world.	オーストラリアは世界で一番大きな島です。
☐Rugby is popular in Australia.	ラグビーはオーストラリアで人気があります。
☐Rugby is more popular than soccer in Australia.	オーストラリアでは，ラグビーはサッカーより人気があります。
☐Which sport is the most popular in Australia?	オーストラリアでは，どのスポーツが一番人気がありますか。

重要単語・表現

♪b12

Unit 7

☐**continent**	大陸
☐be famous for ~	~で有名である
☐beauty	美しさ
☐**deep**	深い
☐hemisphere	(地球の)半球
☐in fact	実際は，実のところ
☐**lake**	湖
☐**natural**	自然の，天然の
☐one fifth of ~	~の5分の1
☐population	人口
☐**river**	川，河川
☐southern	南の，南にある
☐**than**	~よりも
☐unique	唯一の，独特の
☐Australian	オーストラリアの
☐**football**	フットボール
☐**most**	〔形容詞・副詞の前に付けて〕(~の中で)最も
☐**quiz**	クイズ
☐**rugby**	ラグビー
☐Aboriginal people	アボリジナル〔オーストラリア先住民〕
☐**doll**	人形
☐**exactly**	ちょうど，まさしく
☐**expensive**	値段が高い，高価な
☐huge	巨大な
☐lunchbox	弁当箱
☐pyramid	ピラミッド
☐**rock**	岩
☐sacred	神聖な
☐**site**	場所，遺跡
☐**tower**	塔，タワー
☐Some ~. Others ~.	~がいる一方で，~もいる。
☐Not bad.	なかなかいいですよ。

ココをチェック！

☐「…より~です」
〈形容詞や副詞の比較級 + than〉

☐「最も~です」
〈the + 形容詞や副詞の最上級〉

Unit 7 ~ Active Grammar 8 ②

教科書 p.95~p.106

重要文

☐Uluru is as tall as Tokyo Tower.	ウルルは東京タワーと同じくらいの高さです。
☐The Statue of Liberty is not as tall as Tokyo Tower.	自由の女(め)神(がみ)像は東京タワーほど高くありません。
☐Hokkaido is one of the best places if you want to see beautiful nature.	もし美しい自然を見たいなら，北海道が最もよい場所の１つです。
☐It's also famous for delicious seafood.	それはまた，おいしい海産物で有名です。
☐You can enjoy skiing in nature.	あなたは自然の中でスキーを楽しむことができます。

重要単語・表現

♪b13

Unit 7

☐barrier	防壁
☐coral	サンゴ
☐dolphin	イルカ
☐dugong	ジュゴン
☐**earth**	地球
☐**million**	**100万(の)**
☐more than ~	~より多い
☐reef	岩礁
☐scuba diving	スキューバ・ダイビング
☐snorkeling	シュノーケリング
☐**system**	体系
☐tourist	観光客
☐turtle	ウミガメ，カメ
☐visible	目に見える
☐whale	クジラ

Daily Life Scene 7

☐**culture**	文化
☐**fruit**	果物
☐**grape**	ブドウ
☐**hero**	英雄
☐historical	歴史の，歴史上の
☐hot spring	温泉
☐**local**	その土地の，地元の
☐**national**	国家の，自国の，国内の
☐peach	モモ
☐prefecture	県
☐**treasure**	宝物，重要品
☐**vegetable**	野菜
☐**village**	村，村落

ココをチェック！

☐「同じくらい~です」

〈as ＋ 形容詞または副詞 ＋ as〉

☐「最も~なうちの１つ」

〈one of the ＋ 形容詞の最上級 ＋名詞〉

Unit 8 ~ You Can Do It! 3 ①

教科書 p.107~p.127

重要文

☑It's still performed all over the world.	それはまだ世界中で演じられています。
☑The songs were written by Rodgers and Hammerstein.	その歌はロジャーズとハマースタインによって書かれました。
☑The stage makes me nervous.	その舞台は私を緊張させます。
☑We call our cat Felix.	私たちは私たちのネコをフェリックスと呼びます。

重要単語・表現

♪b14

Unit 8

☑**build**	～を建てる
☑in any case	ともかく，いずれにせよ
☑painting	絵，絵画
☑scene	〔映画・小説などの〕場面，シーン
☑scream	叫び，悲鳴
☑song	歌，歌曲
☑**speak**	話す
☑**write**	～を書く
☑act	(役を)演じる
☑**actually**	実は，実際のところ
☑coast	沿岸，海岸
☑**performance**	公演，上演
☑**snack**	軽食，間食，おやつ
☑**star**	星
☑blow one's lines	せりふを忘れる
☑**camera**	カメラ
☑**everybody**	〔話し言葉で〕みんな，全ての人
☑from the top	初めから
☑magic tricks	手品
☑base	～をもとにする
☑each other	お互い
☑**lonely**	ひとりぼっちの，孤独な
☑no one	誰(だれ)も～ない
☑role	〔劇などで〕役
☑totally	まったく，すっかり，完全に
☑trust	(人)を信用する，信頼する
☑witch	魔女
☑wizard	(男の)魔法使い

Daily Life Scene 8

☑**period**	時代
☑**sky**	空
☑**south**	南から吹く
☑**wave**	名 波 動 (手や旗など)を振る

ココをチェック！

☑受け身の文「～されている」
〈am[are, is] + 動詞の過去分詞〉

☑「(人・もの)を～にする」
〈make + 人・もの + 形容詞〉

☑「～を…と呼ぶ」
〈call + ～ + …〉

Unit 8 ～ You Can Do It! 3 ②

教科書 p.107～p.127

重要文

☐She wants to do her best. 彼女は最善を尽くしたいと思っています。
☐She wants us to do our best. 彼女は私たちに最善を尽くしてほしいと思っています。

重要単語・表現

♪b15

Let's Read 3

☐be born 生まれる
☐**below** 下の[に・へ・を]
☐both ～ and ... ～と…のどちらも
☐cause ～の原因となる，～を引き起こす
☐cellphone 携帯電話
☐chose choose の過去形
☐clap 拍手する
☐**clock** 時計
☐clothing 衣類，衣料品
☐**convenient** 便利な，都合のよい，手ごろな
☐**conversation** 会話
☐**dictionary** 辞書，辞典
☐**difference** 違い，相違
☐expression 表情
☐facial 顔の
☐firstly 〔文頭で〕第一に
☐French フランス語
☐invent ～を発明する，考案する
☐**joy** 喜び，うれしさ，歓喜
☐male 男性の
☐mammal 哺乳類
☐**mean** ～を意味する
☐**meaning** 意味
☐misunderstand ～を誤解する
☐negative 悪い，後ろ向きの
☐**often** よく，たびたび，しばしば
☐online オンラインの
☐positive よい，前向きの
☐pray 祈る
☐reflect ～を表す，示す，映す
☐secondly 〔文頭で〕第二に
☐speaker 〔ある言語を〕話す人，話者
☐**tear** 〔通例 s を付けて〕涙
☐text 文書，テキスト
☐tone 語調，口調，話し方
☐wedding 結婚式，婚礼

World Tour 3

☐be located (～に)位置している

ココをチェック！

☐「(人)に～してほしい」
〈want ＋ 人 ＋ to ＋ 動詞の原形〉

過去進行形・接続詞 when

教 p.12～p.17

3 過去進行形 「～していました」

→★チェック!(6)(7)

「(過去のある時点に)～していました」と言うときは〈was[were]＋動詞の -ing 形〉で表す。疑問文，否定文の作り方は現在進行形と同じ。

現在進行形 What are you doing here? あなたはここで何をしていますか。
└► 疑問文は be 動詞を主語の前に置く

— I am studying Japanese. — 私は日本語を勉強しています。

⇩ be 動詞を過去形にする

過去進行形 What were you doing here? あなたはここで何をしていましたか。
└► 疑問文は be 動詞を主語の前に置く

— I was studying Japanese. — 私は日本語を勉強していました。
過去進行形で答える

4 接続詞 when

→★チェック!(8)(9)

接続詞 when は「～のとき」という意味を表し，2 つの文をつなぐ。when のまとまりは，文の前半にも後半にも置くことができる。

I was studying there. Eri came by.

⇩ 私はそこで勉強していました。エリが立ち寄りました。

When I was studying there, Eri came by.
when ～が文の前半 └► コンマを置く 私がそこで勉強していたとき，エリが立ち寄りました。

Eri came by when I was studying there.
when ～が文の後半

☆チェック! ( )内から適する語を選びなさい。

1
- □ (1) I (play / played) tennis yesterday. 私は昨日，テニスをしました。
- □ (2) He (use / used) the bag last week. 彼は先週，そのかばんを使いました。
- □ (3) I (go / went) to a hospital today. 私は今日，病院に行きました。

2
- □ (4) I (am / was) busy last Saturday. 私はこの前の土曜日，忙しかったです。
- □ (5) We (are / were) all 10 years old then. 私たちはみんなそのとき 10 歳でした。

3
- □ (6) What (are / were) you doing then? あなたはそのとき，何をしていましたか。
  — I (am / was) listening to music. — 私は音楽を聞いていました。
- □ (7) My father was (read / reading) a book. 私の父は本を読んでいました。

4
- □ (8) (What / When) I'm free, I play the piano. 私は暇なとき，ピアノを演奏します。
- □ (9) She was cooking (and / when) I got up. 私が起きたとき，彼女は料理をしていました。

☆チェック! の答えは次ページ ➲

 解答 p.1

テスト対策問題

テスト対策ナビ

リスニング

♪ a01

1 対話と質問を聞いて，その答えとして適するものを一つ選び，記号で答えなさい。

(1) ア He played soccer.　イ He played the piano.
ウ He practiced baseball.　(　　)

(2) ア She was making curry.　イ She was listening to music.
ウ She was helping her sister.　(　　)

2 (1)～(6)は単語の意味を書きなさい。(7)～(10)は日本語を英語にしなさい。

(1) sunny (　　)　(2) angry (　　)
(3) fantastic (　　)　(4) nervous (　　)
(5) cloudy (　　)　(6) program (　　)
(7) ～に指導する ______　(8) 贈り物 ______
(9) ～を注文する ______　(10) 眺め，景色 ______

2 重要単語
(6)[próugræm]と発音。日本語との発音の違い(ちが)に注意。

よく出る **3** 次の日本文にあうように，____に適する語を書きなさい。

(1) 久しぶり。
Long time ______ ______.
(2) あなたは私に助けを求めませんでした。
You didn't ______ me ______ help.
(3) 彼女と話しましょう。
Let's ______ ______ her.
(4) お会いできてうれしいです。
Good to ______ you.
(5) 私の家に立ち寄ってくれませんか。
Can you ______ ______ my house?
(6) すばらしいよね。
______ it great?

3 重要表現
(1)「長い間会っていない」という意味。
(2) askには「たずねる，質問する」のほかに「頼(たの)む」という意味もある。
(4) Nice to meet you. とほぼ同じ意味だが，別の単語を使う。

4 次の文の____に，(　)内の語を適する形にかえて書きなさい。

(1) We ______ very tired yesterday. (are)
(2) Mike ______ a roller coaster last week. (ride)
(3) I ______ pizza last month. (eat)
(4) A famous musician ______ Japan last year. (visit)
(5) I ______ two cats last Sunday. (see)

4 過去形

おぼえよう！
主な不規則動詞
・come → came
・go → went
・read → read[réd]
・ride → rode
・see → saw

p.3 答　(1) played　(2) used　(3) went　(4) was　(5) were　(6) were / was　(7) reading　(8) When　(9) when

5 次の対話文を読んで，あとの問いに答えなさい。

Eri: ①〔are / you / there〕! ②I (　　)(　　)(　　) you.
③What were you doing here?
Hajin: Oh, I was studying Japanese. ④*Kanji* are really hard.
Eri: I know.

(1) 下線部①が「そこにいたんだ！」という意味になるように，〔　〕内の語を並べかえなさい。

＿＿＿＿＿＿＿＿＿＿＿＿＿＿＿＿＿＿＿＿

(2) 下線部②が「私はあなたを探していました。」という意味になるように，(　)に適する語を書きなさい。

I ＿＿＿＿ ＿＿＿＿ ＿＿＿＿ you.

(3) 下線部③の英文を日本語になおしなさい。

(　　　　　　　　　　　　　　　　)

ミス注意! (4) 下線部④を次のように表すとき，＿＿に適する語を書きなさい。

Kanji are not ＿＿＿＿ to Hajin.

6 次の日本文にあうように，＿＿に適する語を書きなさい。

(1) 彼女は人気の歌を歌っていました。

She ＿＿＿＿ ＿＿＿＿ the popular song.

(2) 彼らは昨夜7時に料理をしていました。

They ＿＿＿＿ ＿＿＿＿ at seven last night.

(3) 私はそのとき，テレビを見ていませんでした。

I ＿＿＿＿ ＿＿＿＿ TV then.

7 次の文を(　)内の指示にしたがって書きかえるとき，＿＿に適する語を書きなさい。

(1) He took a bath last night.　(否定文に)

He ＿＿＿＿ ＿＿＿＿ a bath last night.

(2) She bought a hat yesterday.　(下線部をたずねる疑問文に)

＿＿＿＿ ＿＿＿＿ she ＿＿＿＿ yesterday?

8 次の日本文を英語になおしなさい。

よく出る (1) 私は3日前に1冊の本を読みました。

＿＿＿＿＿＿＿＿＿＿＿＿＿＿＿＿＿＿＿＿

(2) ケン(Ken)が私の家に来たとき，私は眠っていました。

＿＿＿＿＿＿＿＿＿＿＿＿＿＿＿＿＿＿＿＿

5 本文の理解

(2)過去進行形〈be 動詞の過去形＋動詞の -ing 形〉。

(3)過去進行形の疑問文。

(4) hard の反対の意味の語は何か。

6 過去進行形

(3)短縮形を使う。

ポイント

last を使って過去を表す

・last month「先月」
・last week「先週」
・last night「昨夜」

7 否定文と疑問文

ポイント

・一般動詞の過去の疑問文は，主語の前に did を置く。動詞は原形に。
・否定文は動詞の前に did not[didn't]を置く。動詞は原形に。

8 英作文

ミス注意!

接続詞 when

「～のとき，…。」は〈When ～, ...〉または〈... when ～.〉の形。コンマ(,)の有無に注意。

テストに出る!
予想問題
Unit 1 Hajin's Diary

30分　/100点

1 対話を聞いて，内容にあう絵を選び，記号で答えなさい。　♪ a02　〔4点〕

（　　　）

2 次の文の＿＿に，（　）内の語を適する形にかえて書きなさい。　3点×4〔12点〕

(1) I was ＿＿＿＿＿ to the radio then. (listen)

(2) You ＿＿＿＿＿ angry yesterday. (are)

(3) He ＿＿＿＿＿ with his friends last week. (talk)

(4) She ＿＿＿＿＿ a cake yesterday. (make)

3 次の日本文にあうように，＿＿に適する語を書きなさい。　3点×5〔15点〕

よく出る (1) 彼は日記をつけています。

He ＿＿＿＿＿ a ＿＿＿＿＿.

(2) 春休みはどうでしたか。

＿＿＿＿＿ ＿＿＿＿＿ your spring vacation?

(3) なんと光栄なことでしょう。

＿＿＿＿＿ an ＿＿＿＿＿!

(4) 私はふつう夕方にテレビを見ます。

I usually watch TV ＿＿＿＿＿ ＿＿＿＿＿ ＿＿＿＿＿.

(5) 長野は昨日，晴れていました。

＿＿＿＿＿ ＿＿＿＿＿ sunny in Nagano yesterday.

4 次の対話が成り立つように，＿＿に適する語を書きなさい。　4点×3〔12点〕

(1) Where ＿＿＿＿＿ you last Sunday?

— I ＿＿＿＿＿ in Nagoya.

(2) What ＿＿＿＿＿ Mike ＿＿＿＿＿ when you visited him?

— He was cooking.

ミス注意! (3) What ＿＿＿＿＿ you study last night?

— I ＿＿＿＿＿ math and English.

5 コウタの書いた日記を読んで，あとの問いに答えなさい。 〔24点〕

I went to a movie with Hajin this afternoon. We watched *Here We Go!* ①It (　　　) really (　　　). ②［ looking / when / were / for / we ］ the pamphlet, we ③(see) Tina and Nick. I was surprised when I saw ④them.

(1) 下線部①が「それは本当にわくわくさせるものでした。」という意味になるように，(　) に適する語を書きなさい。 〈5点〉

It ＿＿＿＿＿＿ really ＿＿＿＿＿＿.

(2) 下線部②が「私たちがパンフレットを探していたとき，」という意味になるように，［　］内の語を並べかえなさい。 〈5点〉

＿＿＿＿＿＿＿＿＿＿＿＿＿＿＿＿＿＿＿＿ the pamphlet,

よく出る (3) ③の(　)内の語を適する形になおしなさい。 〈4点〉

＿＿＿＿＿＿

(4) 下線部④が指すものを本文中の 3 語で書きなさい。 〈5点〉

＿＿＿＿＿＿ ＿＿＿＿＿＿ ＿＿＿＿＿＿

(5) 本文の内容にあうように，次の質問に英語で答えなさい。 〈5点〉

What did Kota do this afternoon?

＿＿＿＿＿＿＿＿＿＿＿＿＿＿＿＿＿＿＿＿＿＿＿＿

6 ［　］内の語句を並べかえて，日本文にあう英文を書きなさい。 5点×3〔15点〕

(1) アキは今朝，朝食を食べませんでした。

［ have / didn't / this / Aki / breakfast ］ morning.

＿＿＿＿＿＿＿＿＿＿＿＿＿＿＿＿＿＿＿＿ morning.

ミス注意! (2) 私が起きたとき，姉は手紙を書いていました。

［ when / a letter / was / got / my sister / up / writing / I ］.

＿＿＿＿＿＿＿＿＿＿＿＿＿＿＿＿＿＿＿＿＿＿＿＿

(3) 私は 3 週間前，自分でその贈り物を注文しました。

［ ordered / I / the gift / three weeks / myself / by ］ ago.

＿＿＿＿＿＿＿＿＿＿＿＿＿＿＿＿＿＿＿＿ ago.

7 次の日本文を英語になおしなさい。 6点×3〔18点〕

(1) 私はその本に興味をもっていました。

＿＿＿＿＿＿＿＿＿＿＿＿＿＿＿＿＿＿＿＿＿＿＿＿

やや難 (2) 私は買い物に行ったとき，新しいかばんを買いました。

＿＿＿＿＿＿＿＿＿＿＿＿＿＿＿＿＿＿＿＿＿＿＿＿

(3) ナンシー(Nancy)はいつ日本に来たのですか。

＿＿＿＿＿＿＿＿＿＿＿＿＿＿＿＿＿＿＿＿＿＿＿＿

Unit 2 ～ Daily Life Scene 1

Basketball Tournament ～ 電話

テストに出る！ ココが要点＆チェック！

動名詞と不定詞(名詞的用法)

教 p.19～p.23

1 動名詞「～すること」

チェック！ (1)～(3)

「～すること」と言うときは動詞の -ing 形で表す。この形を動名詞とよぶ。動名詞は動詞の目的語になったり，文の主語になったりする。

動詞の目的語 I don't like playing basketball.
like の目的語

私はバスケットボールをすることが好きではありません。

前置詞の後 I'm not good at passing the ball.
→前置詞の後の動詞の形は動名詞

私はボールをパスすることが上手ではありません。

文の主語 Passing the ball isn't easy.
主語　→動名詞は3人称単数扱い

ボールをパスすることは簡単ではありません。

2 不定詞〈名詞的用法〉「～すること」

チェック！ (4)～(6)

「～すること」は〈to＋動詞の原形〉でも表せる。この形を不定詞とよぶ。この意味を表す不定詞は名詞的用法とよばれ，動名詞と同じような働きをすることがある。

→〈to＋動詞の原形〉の形はいつも同じ

動詞の目的語 Hajin wants to shoot.　ハジンはシュートを決めたいです。
wants の目的語→ want(s) to ～で「～したい(と思う)」

文の補語 The important thing is to pass the ball to Hajin.
補語

重要なことはハジンにボールをパスすることです。

★動名詞の基本文の書きかえ

文の主語 To pass the ball isn't easy.　ボールをパスすることは簡単ではありません。
主語　→不定詞は3人称単数扱い

動名詞・不定詞を目的語にとる動詞

どちらもとる動詞	動名詞だけをとる動詞	不定詞だけをとる動詞
begin(～を始める)	enjoy(～を楽しむ)	hope(～を望む)
like(～が好きである)	finish(～を終える)	want(～したい)
start(～を始める)	practice(～を練習する)	wish(～したいと思う)
など	など	など

接続詞 that・May I ～?

教 p.24～p.29

3 接続詞 that

→★チェック！(7)(8)

接続詞 that は「～ということ」の意味を表し，think や sure などの後に〈that＋主語＋動詞〉の形で置く。この that はよく省略される。

You did a great job.　あなたたちはすばらしい仕事をしました。
〈主語＋動詞〉

I think (that) you did a great job.　私は，あなたたちはすばらしい仕事をしたと思います。
「～と思う」　〈主語＋動詞〉 →「思うこと」の内容

You like playing basketball.　あなたはバスケットボールをするのが好きです。
〈主語＋動詞〉

I'm sure (that) you like playing basketball now.
「きっと～だ」　〈主語＋動詞〉 →「確信していること」の内容

きっとあなたは今はバスケットボールをするのが好きです。

4 May I ～?(電話での表現)

→★チェック！(9)(10)

電話で話したい相手に代わってもらうときは，May I speak to ～, please? と言う。本人が電話に出ていることを伝えるときは，This is ～ speaking. と言う。

May I speak to Emma, please?　エマさんに代わっていただけますか。
→「～してもよいですか」

— This is Emma speaking.　— こちらはエマです。
→電話で自分の名前を名のるときは This is を使う

☆チェック！ (1)～(6)は(　)内から適する語句を選び，(7)～(10)は(　)内に適する語を書きなさい。

1
- □ (1) I like (talk / talking) about music.　私は音楽について話すことが好きです。
- □ (2) Are you good at (cook / cooking) ?　あなたは料理をすることが上手ですか。
- □ (3) (Read / Reading) books is important.　本を読むことは大切です。

2
- □ (4) I want (help / to help) you.　私はあなたを手伝いたいです。
- □ (5) My hobby is (swim / to swim).　私の趣味(しゅみ)は泳ぐことです。
- □ (6) She enjoyed (to play / playing) tennis.　彼女はテニスをすることを楽しみました。

3
- □ (7) I (　　　) that you like ice cream.　私は，あなたはアイスクリームが好きだと思います。
- □ (8) I'm (　　　) she is kind.　きっと彼女は親切です。

4
- □ (9) (　　　) I speak to Ken, please?　ケンさんに代わっていただけますか。
- □ (10) — (　　　) is Ken speaking.　— こちらはケンです。

☆チェック！の答えは次ページ

テスト対策問題

リスニング

♪ a03

1 対話と質問を聞いて，その答えとして適するものを一つ選び，記号で答えなさい。

(1) ア Her hobby is reading books.　イ Her hobby is playing tennis.
　ウ Her hobby is going shopping.　(　　)

(2) ア He wants to swim in the sea.　イ He wants to swim in the pool.
　ウ He enjoyed swimming.　(　　)

2 (1)～(6)は単語の意味を書きなさい。(7)～(10)は日本語を英語にしなさい。

(1) easy (　　)　(2) scientist (　　)
(3) job (　　)　(4) difficult (　　)
(5) castle (　　)　(6) police (　　)
(7) 重要な ______　(8) こと，もの ______
(9) ～を止める ______　(10) 医者 ______

よく出る **3** 次の日本文にあうように，____に適する語を書きなさい。

(1) おめでとう。
______!

(2) あなたのおかげでうまくいきました。
______ to you, I did it well.

(3) タナカ先生は生徒たちを誇りにしています。
Mr. Tanaka is ______ ______ his students.

(4) 最善を尽くしなさい。
______ your ______!

(5) 毎朝早く起きるように努力しなさい。
______ to ______ up early every morning.

(6) あなたはどんな種類の映画が好きですか。
What ______ ______ movie do you like?

4 次の文の____に，(　)内の語を適する形にかえて書きなさい。

(1) ______ with friends is important.　(talk)
(2) Aki likes ______ TV.　(watch)
ミス注意! (3) ______ a roller coaster is exciting.　(ride)
(4) Emma's hobby is ______ to the radio.　(listen)
(5) I'm interested in ______ the guitar.　(play)

テスト対策ナビ

2 重要単語
(1)(4)反意語の関係。
(2) science「科学」から考える。
(5) castle の t は発音しない。

3 重要表現
(1)複数形にすること。
(2)複数形で「感謝」の意味を表す語を使う。
(4)日本語でも「ベストを尽くす」と言う。

4 動名詞

おぼえよう!
-ingの付け方
①ふつうの動詞
⇒ ing を付ける。
play → playing
② e で終わる動詞⇒ e をとって ing を付ける。
give → giving
③〈短母音＋子音字〉で終わる動詞⇒最後の文字を重ねて ing を付ける。
run → running

p.9 答　(1) talking　(2) cooking　(3) Reading　(4) to help　(5) to swim　(6) playing　(7) think　(8) sure　(9) May　(10) This

5 次の対話文を読んで，あとの問いに答えなさい。

Hajin: What's wrong?
Kota: ①〔playing / don't / I / basketball / like〕. I'm not good at ②(pass) the ball.
Hajin: ③No (　　　). ④For beginners, passing the ball isn't easy.
Kota: Yeah.
Hajin: Don't worry. You just need some practice.

(1) 下線部①が「私はバスケットボールをすることが好きではありません。」という意味になるように，〔　〕内の語を並べかえなさい。
____

(2) ②の(　)内の語を適する形になおしなさい。 __________

(3) 下線部③が「問題ありません。」という意味になるように，(　)に適する語を書きなさい。
No __________.

(4) 下線部④の英文を日本語になおしなさい。
(　　　　　　　　　　　　　　　　　　　)

5 本文の理解

(1)「バスケットボールをすること」は動名詞を使って表す。

(2) at は前置詞。前置詞の後にくる動詞の形を考える。

(4)主語はpassing (the ball)。

よく出る

6 次の日本文にあうように，____に適する語を書きなさい。

(1) 私はテニスをすることが好きです。
I like __________ __________ tennis.

(2) 彼女は新しいかばんを買いたいです。
She wants __________ __________ a new bag.

(3) 大切なことは，熱心に勉強することです。
The important thing is __________ __________ hard.

6 不定詞

ミス注意！
like
→動名詞も不定詞も目的語にとる。
want
→不定詞だけを目的語にとる。

7 次の日本文にあうように，____に適する語を書きなさい。

(1) (電話で)クミさんに代わっていただけますか。
__________ __________ speak to Kumi, please?

(2) ((1)に答えて)こちらはクミです。
__________ is Kumi __________.

7 電話での表現

(1)直訳すると「クミさんと話してもいいですか」。

8 次の日本文を英語になおしなさい。

(1) 私は，日本語は難しいと思います。
____

(2) きっとリサ(Lisa)は親切です。
____

8 接続詞 that

ポイント
接続詞 that
・よく省略される。なくても意味は変わらない。
・that の後は〈主語＋動詞〉の形。

テストに出る！ 予想問題

Unit 2 ～ Daily Life Scene 1 ①

Basketball Tournament ～ 電話

30分　/100点

1 対話と質問を聞いて，その答えとして適する絵を選び，記号で答えなさい。 a04 〔4点〕

（　　）

2 次の文の___に，(　)内の語を適する形にかえて書きなさい。答えは1語とは限らない。 3点×4〔12点〕

(1) She likes ________ books. (read)
(2) I want ________ your computer. (use)
ミス注意！ (3) We enjoyed ________ a lot of songs. (sing)
(4) Do you wish ________ a dog? (have)

3 次の日本文にあうように，___に適する語を書きなさい。 4点×5〔20点〕

(1) どうかしたのですか。疲れているように見えます。
________ ________? You look tired.
(2) 私はあなたをとても誇りにしています。
I'm so ________ ________ you.
(3) 私の母はパンを焼くことが上手です。
My mother is good ________ ________ bread.
やや難 (4) 図書館に来てくれませんか。
________ ________ come to the library?
(5) ((4)に答えて)もちろんです。
________.

4 次の対話が成り立つように，___に適する語を書きなさい。 4点×3〔12点〕

よく出る (1) (電話で)
________ ________ speak to Bob, please?
— ________ ________ Bob speaking.
(2) What ________ ________ sport do you like?
— I like soccer.
(3) ________ ________ do you want to meet?
— I want to meet at ten o'clock.

5 次の対話文を読んで，あとの問いに答えなさい。 〔19点〕

Tina: ① We need (　　　)(　　　).
Eri: Hajin wants ② (shoot).
Tina: Yes. ③ The important thing is to pass the ball to Hajin.
Eri: ④ It's not easy. ⑤〔 trying / stop / they're / to 〕Kota.

(1) 下線部①が「私たちはさらに多くの点数が必要です。」という意味になるように，(　)に適する語を書きなさい。 〈3点〉

We need ________ ________.

(2) 下線部②の(　)内の語を適する形になおしなさい。 〈3点〉

____

(3) 下線部③の英文を日本語になおしなさい。 〈5点〉

(　　　　　　　　　　)

(4) 下線部④が指す内容を本文中の6語で書きなさい。 〈4点〉

________ ________ ________ ________ ________ ________

(5) 下線部⑤が「彼らはコウタを止めようとしています。」という意味になるように，〔　〕内の語を並べかえなさい。 〈4点〉

________________________ Kota.

6 〔　〕内の語句を並べかえて，日本文にあう英文を書きなさい。 5点×3〔15点〕

(1) 私は絵を描くことに興味があります。
〔 interested / pictures / in / painting / I'm 〕.

____

ミス注意! (2) きっと彼はテストのために熱心に勉強したのです。
〔 he / I'm / studied / for / sure / hard 〕the exam.

________________________ the exam.

(3) 私は，その女の子がミキの妹だと知っています。
I〔 the girl / Miki's sister / that / know / is 〕.

I ________________________.

7 次の日本文を英語になおしなさい。 6点×3〔18点〕

よく出る (1) 彼らはテニスをすることが好きです。

____

(2) 私の趣味(しゅみ)は音楽を聞くことです。

____

(3) 私はあなたは正しいと思います。

____

テストに出る！
予想問題　Unit 2 ～ Daily Life Scene 1 ②
Basketball Tournament ～ 電話

30分　/100点

1 対話と質問を聞いて，その答えとして適する絵を選び，記号で答えなさい。 a05 〔4点〕

（　　　）

2 次の文の＿＿に，（　）内の語を適する形にかえて書きなさい。答えは１語とは限らない。 3点×4〔12点〕

(1) We hope ＿＿＿＿＿＿ with you. (talk)
ミス注意！ (2) Do you practice ＿＿＿＿＿＿ the piano? (play)
(3) My wish is ＿＿＿＿＿＿ to France. (go)
(4) I'm interested in ＿＿＿＿＿＿ science. (study)

3 次の日本文にあうように，＿＿に適する語を書きなさい。 4点×5〔20点〕

(1) 心配しなくていいですよ。あなたは正しいことをしました。
＿＿＿＿＿＿ ＿＿＿＿＿＿. You did the right thing.
(2) うまくいきましたね。いい仕事です。
It ＿＿＿＿＿＿. Good job!
(3) 彼らは最善を尽くしました。
They ＿＿＿＿＿＿ their ＿＿＿＿＿＿.
(4) 問題ありません。
＿＿＿＿＿＿ ＿＿＿＿＿＿.
(5) 夕食前に宿題をしようと努力しなさい。
＿＿＿＿＿＿ ＿＿＿＿＿＿ do your homework before dinner.

よく出る **4** 次の各組の文がほぼ同じ内容を表すように，＿＿に適する語を書きなさい。 4点×3〔12点〕

(1) To play sports is fun.
＿＿＿＿＿＿ sports is fun.
(2) I like singing a popular song.
I like ＿＿＿＿＿＿ ＿＿＿＿＿＿ a popular song.
ミス注意！ (3) Math isn't easy for me.
Math is ＿＿＿＿＿＿ for me.

5 次の会話文を読んで，あとの問いに答えなさい。 〔25点〕

Eri:	① (　　)(　　) you guys did a great job.
Mr. Hoshino:	② [like / basketball / I'm sure / playing / you] now.
Kota:	Yeah, thanks (③) our coach, Hajin!
Hajin:	Thanks. But we all did ④ it together.
Tina:	⑤ We're so proud of you all!

よく出る (1) 下線部①が「私は，あなたたちはみんなすばらしい仕事をしたと思います。」という意味になるように，(　)に適する語を書きなさい。 〈5点〉

＿＿＿＿ ＿＿＿＿ you guys did a great job.

(2) 下線部②が「きっとあなたは今はバスケットボールをするのが好きです。」という意味になるように，[　]内の語句を並べかえなさい。 〈5点〉

＿＿＿＿＿＿＿＿＿＿＿＿＿＿＿＿ now.

(3) ③の(　)に適する語をア～エから選び，記号で答えなさい。 〈5点〉

ア of　イ to　ウ at　エ in　(　　)

(4) 下線部④が指すものを本文中の3語で書きなさい。 〈5点〉

＿＿＿＿ ＿＿＿＿ ＿＿＿＿

(5) 下線部⑤の英文を日本語になおしなさい。 〈5点〉

(　　　　　　　　　　　　　　　　)

6 [　]内の語句を並べかえて，日本文にあう英文を書きなさい。 5点×3〔15点〕

(1) あなたは旅行に出かけたいですか。
[want / do / go / on / you / a trip / to]?

＿＿＿＿＿＿＿＿＿＿＿＿＿＿＿＿

(2) クミは友達と話すことを楽しみました。
[with / talking / Kumi / her friends / enjoyed].

＿＿＿＿＿＿＿＿＿＿＿＿＿＿＿＿

(3) (電話で)マリさんに代わっていただけますか。
[I / to / please / may / speak / Mari / ,]?

＿＿＿＿＿＿＿＿＿＿＿＿＿＿＿＿

7 次の日本文を英語になおしなさい。 6点×2〔12点〕

(1) あなたはどんな種類の食べ物が好きですか。

＿＿＿＿＿＿＿＿＿＿＿＿＿＿＿＿

やや難 (2) 私は，ジョン(John)が上手に泳ぐことができることを知っています。

＿＿＿＿＿＿＿＿＿＿＿＿＿＿＿＿

Unit 3

Plans for the Summer

テストに出る! ココが要点&チェック!

未来の表現(be going to・will)

教 p.31～p.35

1 be going to＋動詞の原形「～するつもりだ」

チェック! (1)～(3)

「～するつもりだ」と前から予定していたことや心に決めていたことについて言うときは，〈be going to ＋動詞の原形〉で表す。be 動詞は主語によって使い分ける。

現在 I visit my cousins in Okinawa. 私は沖縄のいとこを訪ねます。

⇩

未来 I'm going to visit my cousins in Okinawa. 私は沖縄のいとこを訪ねるつもりです。
└► 動詞はいつも原形

疑問文 Are you going to visit your cousins? あなたはいとこを訪ねるつもりですか。
└► be 動詞を主語の前に

— Yes, I am. / No, I'm not. — はい，そのつもりです。/ いいえ，そのつもりはありません。
└► 答えるときも be 動詞を使う

否定文 I am not going to visit my cousins. 私はいとこを訪ねるつもりはありません。
└► be 動詞の後に not

2 助動詞 will「～しよう，～でしょう」

チェック! (4)～(6)

未来のことについて「～しよう」という意志や，「～でしょう」という推測などを表すときは，〈will ＋動詞の原形〉を使う。will は助動詞の仲間。

現在 It is a hot summer. 暑い夏です。

⇩

未来 It will be a hot summer. 暑い夏になるでしょう。
└► be 動詞の原形
└► 動詞はいつも原形

主語が3人称単数でも will に s は付けない

疑問文 Will it be a hot summer? 暑い夏になるでしょうか。
└► Will を主語の前に

— Yes, it will. / No, it won't.
└► 答えるときも will を使う

— はい，なるでしょう。/ いいえ，ならないでしょう。

否定文 It will not be a hot summer. 暑い夏にならないでしょう。
└► will の後に not

will の短縮形

I will	→ I'll
you will	→ you'll
he will	→ he'll
she will	→ she'll
it will	→ it'll
we will	→ we'll
they will	→ they'll
will not	→ won't

未来の表現・接続詞 if

教 p.36～p.39

未来の文で使われる語句

未来のことを表す文では，tomorrow や this ～, next ～のような語句が使われる。

未来の特定の日など	不特定の未来	this(この，今度の)	next(次の，今度の)
tomorrow(明日)	someday(いつか)	this Sunday(この日曜日)	next Sunday(次の日曜日)
in 2050(2050 年に)	in the future(将来)	this week(今週)	next week(来週)
		this month(今月)	next month(来月)
		this year(今年)	next year(来年)
		this summer(この夏)	next summer(次の夏)

3 接続詞 if

→チェック!(7)(8)

接続詞 if は「もし～なら」という条件を表し，2 つの文をつなぐ。if のまとまりは，文の前半にも後半にも置くことができる。

If you're hungry, we can go for a pizza.
if ～が文の前半　→コンマを置く
もしあなたが空腹なら，私たちはピザを買いに行けます。

We can go for a pizza if you're hungry.
if ～が文の後半

接続詞 if の文

▶if ～の中では，未来のことも現在形で表す。

If it is sunny tomorrow, I'll have a picnic.　もし明日晴れなら，私はピクニックをするでしょう。
現在形　未来を表す語

☆チェック! (　)内から適する語を選びなさい。

1
- □ (1) I'm (go / going) to make a cake.　私はケーキを作るつもりです。
- □ (2) We (don't / aren't) going to play baseball.　私たちは野球をするつもりはありません。
- □ (3) (Is / Does) she going to write a letter?　彼女は手紙を書くつもりですか。
  — No, she (isn't / doesn't).　— いいえ，そのつもりはありません。

2
- □ (4) Ken (will / wills) buy the book.　ケンはその本を買うでしょう。
- □ (5) He will (visit / visits) Jim tomorrow.　彼は明日ジムを訪ねるでしょう。
- □ (6) (Do / Will) you go shopping?　あなたは買い物に行くつもりですか。
  — Yes, I (do / will).　— はい，行くつもりです。

3
- □ (7) (If / When) you have time, please help me.　もし時間があるなら，私を手伝ってください。
- □ (8) We'll go by train (that / if) it is rainy tomorrow.　もし明日雨なら，私たちは電車で行くでしょう。

テスト対策問題

テスト対策ナビ

リスニング

♪ a06

1 対話と質問を聞いて，その答えとして適するものを一つ選び，記号で答えなさい。

(1) ア He's going to see his parents.　イ He's going to study at home.
　ウ He's going to see his grandparents.　(　　)

(2) ア She'll practice the piano.　イ She'll visit her friend's house.
　ウ She'll practice soccer.　(　　)

2 (1)～(6)は単語の意味を書きなさい。(7)～(10)は日本語を英語にしなさい。

(1) tonight (　　)　(2) weather (　　)
(3) cloud (　　)　(4) wind (　　)
(5) borrow (　　)　(6) information (　　)
(7) ～を終える ______　(8) ～を忘れる ______
(9) (声を出して)笑う ______　(10) ～を信じる ______

2 重要単語
(1) night に関連した語。
(2)(3)(4)天候，天気に関する語。

3 次の日本文にあうように，____に適する語を書きなさい。

(1) では，またね。
______ you ______.

(2) 冗談でしょう。
______ you ______?

(3) 父はよく私を動物園に連れていってくれました。
My father often ______ me ______ the zoo.

(4) 明後日のあなたの予定は何ですか。
What is your plan for the day ______ ______?

よく出る (5) 私は新しいサングラスを買いたいです。
I'd ______ ______ buy new sunglasses.

(6) 図書館で勉強したらどうですか。
______ ______ you study in the library?

3 重要表現

ポイント
別れのあいさつ
・Take care.
「じゃあ，また。」
「気を付けて。」
・See you soon.
「ではまた。」
「すぐに会いましょう。」

(4)「明日」の「その後」の日。

4 次の文を(　)内の語句を使って書きかえるとき，____に適する語を書きなさい。

ミス注意! (1) She studies drama in New York.　(next year)
She's ______ ______ study drama in New York next year.

(2) They don't play tennis.　(tomorrow)
They ______ ______ to play tennis tomorrow.

4 be going to + 動詞の原形

ミス注意！
be going to の be の部分は，主語に合わせて変える。
I → am
3人称(にんしょう)単数 → is
you・複数 → are

p.17 答　(1) going　(2) aren't　(3) Is / isn't　(4) will　(5) visit　(6) Will / will　(7) If　(8) if

5 次の会話文を読んで，あとの問いに答えなさい。

Grandpa:	①［can / you're / if / drive / we / tired / , ］straight home.
Kota:	Thanks, but I'm fine.
Tina:	If you're hungry, we can go for a pizza ②(　　　) the (　　　) home.
Kota:	That sounds great. ③I'm starving!

(1)　下線部①が「もしあなたが疲れているなら，私たちは車でまっすぐ家に帰ることができます。」という意味になるように，［　］内の語を並べかえなさい。

＿＿＿＿＿＿＿＿＿＿＿＿＿＿＿ straight home.

(2)　下線部②が「家に帰る途中で」という意味になるように，(　)に適する語を書きなさい。

＿＿＿＿＿ the ＿＿＿＿＿ home

(3)　下線部③を次のように表すとき，＿＿に適する語を書きなさい。

I'm ＿＿＿＿＿ hungry!

(4)　本文の内容にあうように，次の質問に(　)内の語数の英語で答えなさい。

1. Is Kota tired?　(3語)

＿＿＿＿＿＿＿＿＿＿＿＿＿＿＿＿＿＿＿＿

2. What will they do?　(6語)

＿＿＿＿＿＿＿＿＿＿＿＿＿＿＿＿＿＿＿＿

5 本文の理解

(1) if の後は，〈主語＋動詞〉が続く。

(3) starving は「非常に空腹な」状態。

(4) 1. コウタの最初の発言に着目する。
2. ティナの発言とコウタの最後の発言に着目する。

6 次の日本文にあうように，＿＿に適する語を書きなさい。

(1)　その便は，夕方に到着するでしょう。

The flight ＿＿＿＿＿ ＿＿＿＿＿ in the evening.

ミス注意！ (2)　午後は雨は降らないでしょう。

It ＿＿＿＿＿ ＿＿＿＿＿ rainy in the afternoon.

(3)　あなたは来週，東京に行くでしょうか。

＿＿＿＿＿ you ＿＿＿＿＿ to Tokyo next week?

6 助動詞 will

おぼえよう！

注意すべき短縮形

I am → **I'm**
I am not → **I'm not**
are not → **aren't**
is not → **isn't**
will not → **won't**

7 次の日本文を(　)内の語句を使って英語になおしなさい。

(1)　私は来週，祖父の家に滞在するつもりです。(going to)

＿＿＿＿＿＿＿＿＿＿＿＿＿＿＿＿＿＿＿＿

よく出る (2)　明日は雪が降るでしょう。(will)

＿＿＿＿＿＿＿＿＿＿＿＿＿＿＿＿＿＿＿＿

(3)　もしあなたが助けが必要なら，私はここにとどまります。(will)

＿＿＿＿＿＿＿＿＿＿＿＿＿＿＿＿＿＿＿＿

7 英作文

ポイント

it は天気や寒暖を表す文の主語になる。この it には「それは」という意味はないので，日本語には訳さない。

解答 p.7

テストに出る!

予想問題

Unit 3
Plans for the Summer

30分

/100点

1 対話を聞いて，内容にあう絵を選び，記号で答えなさい。 a07 〔4点〕

(　　　)

2 次の日本文にあうように，___に適する語を書きなさい。 4点×5〔20点〕

(1) スピーチの準備はできましたか。

Are you ______ ______ your speech?

(2) 来週，ピクニックをしましょう。

Let's ______ a ______ next week.

よく出る (3) 私は，あなたにすぐに会えることを楽しみに待っています。

I'm looking ______ to ______ you soon.

(4) 彼女とビデオチャットをしたらどうですか。

______ ______ you have a video chat with her?

(5) あなたの両親によろしくと言ってください。

Please ______ ______ to your parents.

3 次の対話が成り立つように，___に適する語を書きなさい。 4点×3〔12点〕

(1) ______ you ______ to play tennis after school tomorrow?

— Yes, I am.

(2) ______ you practice tennis tomorrow morning?

— No, I ______.

やや難 (3) ______ ______ going to meet your cousins at the station?

— My brother ______.

4 次の日本文にあうように，___に適する語を書きなさい。 4点×3〔12点〕

(1) 彼はいつかロンドンに行くつもりです。

______ go to London someday.

(2) 明日は雨でしょう。

______ ______ rainy tomorrow.

ミス注意! (3) 私は，自由の女神(めがみ)像を見るつもりはありません。

______ ______ going to see the Statue of Liberty.

5 コウタがティナに書いたメールを読んで，あとの問いに答えなさい。 〔24点〕

> Thanks for your e-mail. I will finish ①(pack) tonight.
> I will ②( ) some sunglasses ( ) Hajin. I want to buy a hat in New York.
> So ③if you have time, please take me to a clothes shop.
> ④〔 at / at / will / my flight / arrive / the airport 〕7:40 p.m.
> I am going to bring Japanese fans as souvenirs for your grandparents.

(1) ①の( )内の語を適する形になおしなさい。 〈4点〉

____

(2) 下線部②が「ハジンからサングラスを借りる」という意味になるように，( )に適する語を書きなさい。 〈5点〉

____________ some sunglasses ____________ Hajin

(3) 下線部③の英文を日本語になおしなさい。 〈5点〉

( )

(4) 下線部④が「私の乗った便は，午後7時40分に空港に到着するでしょう。」という意味になるように，〔 〕内の語句を並べかえなさい。 〈5点〉

________________________ 7:40 p.m.

(5) 本文の内容にあうように，次の( )に適する言葉を書きなさい。 〈5点〉

コウタは( )に，お土産( )，日本の扇子(せんす)を( )。

よく出る **6** 〔 〕内の語句を並べかえて，日本文にあう英文を書きなさい。 5点×2〔10点〕

(1) もしあなたが忙しいなら，私が手伝いましょう。

〔 are / will / if / help / you / I / busy / , 〕 you.

________________________ you.

ミス注意! (2) もしあなたが京都を訪れるなら，私の家に泊まってください。

〔 you / with / me / if / visit / stay 〕 Kyoto.

________________________ Kyoto.

7 次の日本文を英語になおしなさい。 6点×3〔18点〕

(1) あなたは明日，何をするつもりですか。

____

(2) 私たちは今週末，海で泳ぐでしょう。

____

(3) 私はこのいすを使いたいです。(like を使って)

____

Let's Read 1 ～ Daily Life Scene 3

Sukh's White Horse ～ レストラン

テストに出る！ ココが要点＆チェック！

Shall I ～?・Would you like ～?

教 p.42～p.44，p.50

1 Shall I ～?「～しましょうか」

→チェック！★(1)(2)

レストランなどで，店員が「(私が)～しましょうか」と申し出るときは，Shall I ～? で表す。I の後には動詞を続ける。客が料理などを注文するときは Can I ～? を使う。

申し出る	**Shall I** take your order**?** (└→申し出の表現)	注文をおとりしましょうか。
	— Yes, please.	—はい，お願いします。
許可を求める	**Can I** have two hamburgers**?** (└→許可を求める表現 └→注文したいもの)	ハンバーガーを2ついただけますか。
	— Sure.	— かしこまりました。

2 Would you like ～? 「～はいかがですか」

→チェック！★(3)(4)

レストランなどで，「～はいかがですか」と食べ物などをすすめるときは，Would you like ～? で表す。like の後には名詞を続ける。

すすめる	**Would you like** some drinks**?** (└→提案の表現 └→疑問文でも some を使う)	飲み物はいかがですか。
	— Two coffees, please. (└→please を付けるとていねい)	— コーヒーを2つお願いします。

Shall I ～? / Would you like ～? への答え方

▶Yes / No で答えるとき
- 申し出や提案を受けるとき → Yes, please. （はい，お願いします。）
- 申し出や提案を断るとき → No, thank you. （いいえ，けっこうです。）

▶具体的に注文などを加えるとき
～, please. （～をお願いします。）／ Can I have ～? （～をいただけますか。）

☆チェック！ （　）内から適するものを選びなさい。

1
- □ (1) (May / Shall) I bring some water? 水をお持ちしましょうか。
  — Yes, (you shall / please). — はい，お願いします。
- □ (2) Can (you / I) have some soup? スープをいただけますか。
  — (Yes, please. / Sure.) — かしこまりました。

2
- □ (3) (Would / Do) you like some salad? サラダはいかがですか。
- □ (4) Would you (have / like) some cakes? ケーキはいかがですか。
  — Two chocolate cakes, (please / too). — チョコレートケーキを2つお願いします。

☆チェック！の答えは次ページ

テスト対策問題

テスト対策ナビ

リスニング

♪ a08

1 対話と質問を聞いて，その答えとして適するものを一つ選び，記号で答えなさい。

(1) ア He is thirsty.　イ He is hungry.
　ウ No, he isn't.　(　　)

(2) ア Iced coffee.　イ Ice cream and tea.
　ウ A small salad.　(　　)

2 (1)～(6)は単語の意味を書きなさい。(7)～(10)は日本語を英語にしなさい。

(1) find (　　)　(2) happen (　　)
(3) daughter (　　)　(4) heart (　　)
(5) finally (　　)　(6) outside (　　)
(7) 大きい, 広い ＿＿＿＿　(8) 町 ＿＿＿＿
(9) 夢を見る ＿＿＿＿　(10) 毛, 髪の毛 ＿＿＿＿

よく出る **3** 次の日本文にあうように，＿＿に適する語を書きなさい。

ミス注意! (1) 彼女は毎日ネコの世話をします。
She ＿＿＿＿ ＿＿＿＿ of her cat every day.

(2) 彼はニューヨークで育ちました。
He ＿＿＿＿ ＿＿＿＿ in New York.

(3) 弟は自転車から落ちました。
My brother ＿＿＿＿ ＿＿＿＿ a bicycle.

(4) 私はそのコンテストに参加したいです。
I want to ＿＿＿＿ part ＿＿＿＿ the contest.

(5) 私たちは昨日バスに乗りました。
We ＿＿＿＿ ＿＿＿＿ a bus yesterday.

(6) そのイヌは歩き続けました。
The dog ＿＿＿＿ ＿＿＿＿ walking.

4 次の日本文を英語になおしなさい。

(1) 私が夕食を作りましょうか。

＿＿＿＿＿＿＿＿＿＿＿＿＿＿＿＿

ミス注意! (2) トッピングはいかがですか。

＿＿＿＿＿＿＿＿＿＿＿＿＿＿＿＿

(3) ((2)に答えて)トマトとタマネギをお願いします。

＿＿＿＿＿＿＿＿＿＿＿＿＿＿＿＿

2 重要単語
(6)反意語は inside。
(7)類語は big。

3 重要表現
(1)現在の文。
(2)(3)(5)(6)動詞は過去形にする。

おぼえよう!
不規則動詞
・grow → grew
・fall → fell
・ride → rode
・keep → kept
・find → found

4 英作文

ポイント
any と some
疑問文では普通 some の代わりに any を使うが, Would you like ～? のように人にものをすすめる文では，形は疑問文でも some を使う。

p.22 答　(1) Shall / please　(2) I / Sure.　(3) Would　(4) like / please

テストに出る！

予想問題

Let's Read 1 〜 Daily Life Scene 3
Sukh's White Horse 〜 レストラン

30分　/100点

1 対話を聞いて，内容にあう絵を選び，記号で答えなさい。　a09　〔4点〕

（　　　）

2 次の日本文にあうように，＿＿に適する語を書きなさい。　4点×6〔24点〕

ミス注意！ (1) 彼女は昨日，午後6時に仕事を終えて帰宅しました。
She finished working and ________ ________ at 6 p.m. yesterday.

(2) 私はときどき妹たちの世話をします。
I sometimes ________ ________ of my sisters.

(3) 彼は走り去ろうとしました。
He tried to ________ ________.

(4) 父は先月，いすから落ちました。
My father ________ ________ a chair last month.

(5) 彼女は紙で鳥を作りました。
She ________ a bird out ________ paper.

(6) 私から彼を奪わないでください。
Please don't ________ him ________ from me.

3 次の対話が成り立つように，＿＿に適する語を書きなさい。　4点×4〔16点〕

(1) ケーキはいかがですか。― いいえ，けっこうです。
________ you ________ some cakes?
― No, thank you.

(2) 飲み物をお持ちしましょうか。― はい。紅茶をお願いします。
________ ________ bring a drink?
― Yes. Tea, ________.

ミス注意！ (3) スープをいただけますか。― かしこまりました。
________ ________ have some soup?
― ________.

やや難 (4) ピザを今持ってきてくれませんか。おなかがすいています。― すぐにお持ちします。
________ you bring pizza now? I'm hungry.
― I'll be ________ ________ with it.

4 次の英文を読んで，あとの問いに答えなさい。 〔22点〕

One year, in spring, ① the ruler was having a horse race. He ②(say), "The winner of the race will marry my daughter."
Sukh wanted to ③ (　　)(　　) in the race with his white horse. ④ He [to / on / and / got / horse / his / went] the town.

(1) 下線部①の英文を日本語になおしなさい。 〈5点〉
(　　　　　　　　　　)

よく出る (2) ②の(　)内の語を適する形になおしなさい。 〈4点〉

＿＿＿＿

(3) 下線部③が「レースに参加する」という意味になるように，(　)に適する語を書きなさい。 〈4点〉

＿＿＿＿ ＿＿＿＿ in the race

(4) 下線部④が「彼は彼の馬に乗り，町へ行きました。」という意味になるように，[　]内の語を並べかえなさい。 〈5点〉

He ＿＿＿＿＿＿＿＿ the town.

(5) 本文の内容にあうように本文中の５語を入れて，次の質問に対する答えの文を完成させなさい。 〈4点〉

Who will marry the ruler's daughter?

＿＿＿＿＿＿＿＿ will.

5 [　]内の語を並べかえて，日本文にあう英文を書きなさい。 4点×4〔16点〕

(1) あなたのかばんをここに置いていってはいけません。[here / your / don't / bag / leave].

＿＿＿＿＿＿＿＿

(2) 私はこの部屋は暑いと感じます。 [is / feel / room / that / this / I / hot].

＿＿＿＿＿＿＿＿

(3) その映画は，私たちの心を感動させました。 [our / movie / the / hearts / moved].

＿＿＿＿＿＿＿＿

(4) 彼女は音楽を聞き続けました。 [kept / to / listening / music / on / she].

＿＿＿＿＿＿＿＿

6 次の日本文を英語になおしなさい。 6点×3〔18点〕

(1) お皿を洗いましょうか。

＿＿＿＿＿＿＿＿

(2) ((1)に答えて)はい，お願いします。

＿＿＿＿＿＿＿＿

やや難 (3) 私は水が飲みたいです。(would を使って)

＿＿＿＿＿＿＿＿

Tour in New York City

テストに出る！ ココが要点＆チェック！

There is[are] ～.・〈show[tell]＋人＋もの〉

教 p.51～p.55

1 There is[are] ～.「～がある[いる]」

チェック！(1)(2)

「～がある[いる]」は There is[are] ～. で表す。「～」が単数の場合は is を，複数の場合は are を使う。There is[are] ～. の文は場所を表す語句を伴うことが多い。

肯定文 There is a ferry to the island.
（単数名詞のときは is）
その島へのフェリーがあります。

疑問文 Is there a ferry to the island?
（be 動詞を there の前に）
その島へのフェリーがありますか。

— Yes, there is. / No, there isn't.
（答えの文でも there を使う）
— はい，あります。/ いいえ，ありません。

複数の場合 There are a lot of theaters on Broadway.
（複数名詞のときは are）（場所を表す語句）
ブロードウェイにはたくさんの劇場があります。

疑問文
Is[Are] there ～?
答えの文
Yes, there is[are].
No, there isn't[aren't].

否定文
There is[are] not ～.

過去の文
There was[were] ～.

2 〈show[tell]＋人＋もの〉「(人)に(もの)を見せる[伝える]」

チェック！(3)～(5)

show や tell などの動詞は，〈人＋もの〉の順で目的語を 2 つとることができる。

Show me（人） the leaflet（もの）. 私にパンフレットを見せてください。

This tells you（人） the history of the statue（もの）. これはあなたにその像の歴史を伝えます。

目的語を 2 つとる主な動詞

- 〈show＋人＋もの〉「(人)に(もの)を見せる」
- 〈cook＋人＋もの〉「(人)に(もの)を料理する」
- 〈give＋人＋もの〉「(人)に(もの)をあげる」
- 〈bring＋人＋もの〉「(人)に(もの)を持ってくる」
- 〈tell＋人＋もの〉「(人)に(もの)を伝える」
- 〈make＋人＋もの〉「(人)に(もの)を作る」
- 〈write＋人＋もの〉「(人)に(もの)を書く」
- 〈send＋人＋もの〉「(人)に(もの)を送る」

〈動詞＋人＋もの〉の文は〈動詞＋もの＋to[for]＋人〉の文に書きかえることができる。to を使うか for を使うかは動詞によって決まっている。

I'll show you his letter. → I'll show his letter to you.
私はあなたに彼の手紙を見せるつもりです。

I'll buy him a present. → I'll buy a present for him.
私は彼にプレゼントを買うつもりです。

不定詞〈形容詞的用法〉

教 p.56～p.59

3 不定詞〈形容詞的用法〉「～すべき…」「～するための…」

→チェック!★(6)～(8)

不定詞〈to＋動詞の原形〉は，「～すべき」「～するための」の意味で，後ろから前の名詞や代名詞に説明を加え，形容詞のような働きをすることがある。

There are so many fun things to do here.
名詞　「～するべき…」

ここにはとてもたくさんのするべき楽しいことがあります。

You have a place to stay.
名詞　「～するための…」

あなたには泊まるための場所があります。

▶〈to＋動詞の原形〉は something や anything などを修飾することもできる。

He needs something to eat.　彼は何か食べるもの［食べ物］を必要としています。
「何か」

I have nothing to drink.　私は何も飲むもの［飲み物］を持っていません。
「何も～ない」

▶「何か冷たい食べ物」のように形容詞を入れるときは〈-thing＋形容詞＋to＋動詞の原形〉の語順になる。

I want something cold to eat.　私は何か冷たい食べるもの［冷たい食べ物］が欲しいです。

▶不定詞〈to＋動詞の原形〉には「～すること」の意味を表す用法もある。（名詞的用法）

名詞的用法の不定詞は，目的語として動詞の後ろに置かれたり，文の主語や補語になったりする。

I like to play tennis.　私はテニスをすることが好きです。
like の目的語

To play tennis is fun.　テニスをすることは楽しいです。
文の主語

The important thing is to practice every day.　重要なことは毎日練習することです。
文の補語

☆チェック!　(　)内から適する語句を選びなさい。

1
- □ (1) There (is / are) a letter on the table.　テーブルの上に手紙があります。
- □ (2) There (is / are) some boys in the park.　公園に数人の少年がいます。

2
- □ (3) He showed (me his guitar / his guitar me).　彼は私にギターを見せてくれました。
- □ (4) I'll make (lunch you / you lunch).　私はあなたに昼食を作りましょう。
- □ (5) They will give (you a book / a book you).　彼らはあなたに1冊の本をくれるでしょう。

3
- □ (6) I have a lot of things (to do / doing).　私にはするべきことがたくさんあります。
- □ (7) We don't have time (cleaning / to clean).　私たちは掃除する時間がありません。
- □ (8) I want something (to drink / drinking).　私は何か飲むものが欲しいです。

☆チェック! の答えは次ページ

解答 p.10

テスト対策問題

テスト対策ナビ

リスニング

♪ a10

1 対話と質問を聞いて，その答えとして適するものを一つ選び，記号で答えなさい。

(1) ア There is a station. イ There is a park.
ウ There is a library. ( )

(2) ア She has some food. イ She has some drinks.
ウ She has some food and drinks. ( )

2 (1)～(6)は単語の意味を書きなさい。(7)～(10)は日本語を英語にしなさい。

(1) example ( ) (2) city ( )
(3) past ( ) (4) island ( )
(5) exercise ( ) (6) center ( )
(7) 高さが～ある ______ (8) コンサート ______
(9) 歴史 ______ (10) 自然 ______

2 重要単語
(3)対語は future。
(4) s は発音しない。
(7)「背の高い」という意味もある。

よく出る **3** 次の日本文にあうように，___に適する語を書きなさい。

(1) 早く戻って来てください。
Please ______ ______ early.

(2) 私は甘いお菓子が好きです，たとえばケーキやキャンディーです。
I like sweets, for ______, cakes and candies.

(3) 私は動物が好きです，たとえばネコやイヌです。
I like animals, such ______ cats and dogs.

(4) 彼らは一緒に計画を立てました。
They ______ a ______ together.

(5) 彼女は新しいお店を調べるのが好きです。
She likes to ______ ______ new shops.

3 重要表現

ミス注意！
「たとえば…」の表し方
・～, for example, ...
・～, such as ...
→どちらも具体例を挙げるときに使うことができる。

4 次の文を( )内の指示にしたがって書きかえるとき，___に適する語を書きなさい。

(1) There is a girl in the classroom. (下線部を many にかえて)
There ______ many ______ in the classroom.

(2) There are some koalas in the zoo.
(疑問文と No で答える文に)
______ ______ any koalas in the zoo?
— No, ______ ______.

4 There is[are] ～.

ポイント
is と are の使い分け
There is[are] の後ろの名詞が単数のときは is を，複数のときは are を使う。

(2) some は普通肯定文で使い，否定文や疑問文では any を使う。

p.27 答 (1) is (2) are (3) me his guitar (4) you lunch (5) you a book (6) to do (7) to clean (8) to drink

5 次の対話文を読んで，あとの問いに答えなさい。

Tina: Here's the Statue of Liberty. ① It's on Liberty Island.
Kota: How do we get there? ② [to / there / the island / a ferry / is]?
Tina: ③ Yes, (　　　)(　　　). ④ It (　　　)(　　　) Battery Park.
Kota: That sounds good!

(1) 下線部①を It の内容を明らかにして日本語になおしなさい。
(　　　　　　　　　　　　　　　　　　　　)

(2) 下線部②が「その島へのフェリーはありますか。」という意味になるように，[　]内の語句を並べかえなさい。

____

(3) 下線部③の(　)に適する語を書きなさい。
Yes, ________ ________.

(4) 下線部④が「それはバッテリー・パークから出発します。」という意味になるように，(　)に適する語を書きなさい。
It ________ ________ Battery Park.

5 本文の理解

(1) It's は It is の短縮形。

(3) Is there ～? に対する答え。

(4)主語が 3 人称(にんしょう)単数なので動詞に -s を付ける。

よく出る

6 次の各組の文がほぼ同じ内容を表すように，____に適する語を書きなさい。

(1) He will give a book to Yuki.
He will give ________ ________ ________.

(2) My father bought shoes for me.
My father bought ________ ________.

6 〈動詞＋人＋もの〉
前置詞を使わずに表す。
(2) bought は buy の過去形。

ポイント
〈動詞＋人＋もの〉
show, tell, give, buy などの動詞は〈人＋もの〉の順で 2 つの目的語を取ることができる。

7 [　]内の語句を並べかえて，日本文にあう英文を書きなさい。

(1) 私たちにはするべき宿題がたくさんあります。
[do / to / have / homework / a lot of / we].

____

ミス注意！

(2) 何か読むものを買いましょう。
[buy / to / let's / something / read].

____

7 不定詞(形容詞的用法)

おぼえよう!
「～すべき…，～する(ための)…」
〈名詞[代名詞]＋to＋動詞の原形〉の語順で表す。

8 次の日本文を英語になおしなさい。

(1) 私の部屋にはピアノが 1 つあります。

____

(2) 私にはテレビを見る時間はありません。

____

8 英作文
(1) There is ～. を使う。
(2)「テレビを見る時間」→「テレビを見るための時間」

解答 p.11

テストに出る！
予想問題 Unit 4 ① Tour in New York City

30分　/100点

1 対話を聞いて，内容にあう絵を選び，記号で答えなさい。　a11　〔4点〕

（　　　）

2 次の日本文にあうように，＿＿に適する語を書きなさい。　4点×6〔24点〕

(1) 私たちは明日計画を立てるつもりです。
We're going to ＿＿＿＿＿ a ＿＿＿＿＿ tomorrow.

(2) 父は昨日遅くに帰ってきました。
My father ＿＿＿＿＿ ＿＿＿＿＿ late yesterday.

(3) 私は何か飲みたいです，たとえばジュースやソーダ水，お茶です。
I want to drink something, ＿＿＿＿＿ as juice, soda, ＿＿＿＿＿ tea.

(4) 最初に，名前を書いてください。
＿＿＿＿＿ of ＿＿＿＿＿, please write your name.

(5) この建物は，80 メートルの高さがあります。
This building is 80 ＿＿＿＿＿ ＿＿＿＿＿.

(6) 私は毎日運動をします。
I ＿＿＿＿＿ ＿＿＿＿＿ every day.

3 次の各組の文がほぼ同じ内容を表すように，＿＿に適する語を書きなさい。　4点×5〔20点〕

(1) I'll send a message to her.
I'll send ＿＿＿＿＿ ＿＿＿＿＿ ＿＿＿＿＿.

(2) Let's buy souvenirs for him.
Let's buy ＿＿＿＿＿ ＿＿＿＿＿.

(3) Our city has a big bookstore.
＿＿＿＿＿ ＿＿＿＿＿ a big bookstore in our city.

ミス注意！ (4) Kyoto has a lot of shrines.
＿＿＿＿＿ ＿＿＿＿＿ a lot of shrines in Kyoto.

(5) I am free this afternoon.
I have nothing ＿＿＿＿＿ ＿＿＿＿＿ this afternoon.

4 コウタとティナ，ティナの祖父が自由の女神像を見ながら話をしています。次の対話文を読んで，あとの問いに答えなさい。〔19点〕

Kota: ① What is she holding in her right hand?
Grandpa: She's holding a torch.
② (　　)(　　)(　　), the torch guided ships at night.
Kota: How interesting! ③ Tina, show me the leaflet.
Tina: ④ This [of / the statue / the history / tells / you].

(1) 下線部①の英文を日本語になおしなさい。〈4点〉
(　　　　　　　　　　　　)

(2) 下線部②が「過去に」という意味になるように，(　)に適する語を書きなさい。〈3点〉
____ ____ ____

よく出る (3) 下線部③とほぼ同じ内容を表すように，____に適する語を書きなさい。〈4点〉
Tina, show ____ ____ ____ ____.

(4) 下線部④が「これはあなたにその像の歴史を伝えます。」という意味になるように，[　]内の語句を並べかえなさい。〈4点〉
This ________.

(5) 本文の内容にあうように，次の質問に英語で答えなさい。〈4点〉
What did the torch do at night?
____

5 [　]内の語句を並べかえて，日本文にあう英文を書きなさい。5点×3〔15点〕

(1) ニックには読むべき本が何冊かあります。 [to / has / Nick / books / read / some].
____

(2) 壁に1枚の絵がかかっています。 [the / on / is / a picture / there / wall].
____

(3) 誰(だれ)が彼にそのケーキを作りましたか。 [made / the cake / who / him]?
____

6 次の日本文を英語になおしなさい。6点×3〔18点〕

(1) その箱にリンゴが5個入っています。(there を使って7語で)
____

やや難 (2) 私はあなたにあげるものがあります。(something を使って6語で)
____

(3) 彼は私に手紙を書いてくれました。(a letter を使って5語で)
____

解答 p.12

Unit 4 ②
Tour in New York City

🕒30分　/100点

1 対話を聞いて，内容にあう絵を選び，記号で答えなさい。　♪a12　〔4点〕

(　　　)

よく出る **2** 次の日本文にあうように，＿＿に適する語を書きなさい。　4点×6〔24点〕

(1) 私はたくさんの国を訪れたいです，たとえばフランスやイタリアです。
I'd like to visit many countries, for ＿＿＿＿＿＿, France and Italy.

(2) 私たちは昨日一緒に運動をしました。
We ＿＿＿＿＿＿ ＿＿＿＿＿＿ together yesterday.

(3) そこに行けば，すばらしい時間を過ごすでしょう。
You'll ＿＿＿＿＿＿ a great ＿＿＿＿＿＿ if you go there.

(4) (地図を指さして)ここにその小さい島があります。
＿＿＿＿＿＿ the small island.

(5) なんて美しいのでしょう。
＿＿＿＿＿＿ ＿＿＿＿＿＿!

(6) 彼は昨夜そのコンピュータを調べました。
He ＿＿＿＿＿＿ ＿＿＿＿＿＿ the computer last night.

3 次の文を(　)内の指示にしたがって書きかえなさい。　4点×5〔20点〕

(1) He'll give a present to me.　(ほぼ同じ内容を表す5語の文に)

＿＿＿＿＿＿＿＿＿＿＿＿＿＿＿＿＿＿＿＿＿＿＿＿

(2) There are some books on the desk.　(疑問文に)

＿＿＿＿＿＿＿＿＿＿＿＿＿＿＿＿＿＿＿＿＿＿＿＿

(3) ((2)に Yes で答える文に)

＿＿＿＿＿＿＿＿＿＿＿＿＿＿＿＿＿＿＿＿＿＿＿＿

(4) ((2)の文を否定文に)

＿＿＿＿＿＿＿＿＿＿＿＿＿＿＿＿＿＿＿＿＿＿＿＿

やや難 (5) There are many places to visit in Australia.
(Australia を主語にして，ほぼ同じ内容の文に)

＿＿＿＿＿＿＿＿＿＿＿＿＿＿＿＿＿＿＿＿＿＿＿＿

4 次の英文を読んで，あとの問いに答えなさい。 〔25点〕

Central Park is a green oasis in the center of New York City. It's very big and very popular! ① There are so many things to do there.
② ( )( )( ), ③ [place / enjoy / it / a / to / nature / is / wonderful].
All four seasons are beautiful in Central Park. (④) the weather is nice, you can rent a bicycle and ride around.

(1) 下線部①の英文を日本語になおしなさい。 〈6点〉
( )

(2) 下線部②が「まず第一に」という意味になるように，( )に適する語を書きなさい。〈4点〉

(3) 下線部③が「それは自然を楽しむためのすばらしい場所です」という意味になるように，[ ]内の語を並べかえなさい。 〈6点〉

よく出る (4) ④の( )に適する語をア～エから選び，記号で答えなさい。 〈4点〉
ア And イ But ウ When エ Where ( )

(5) 本文の内容にあうように，次の( )に適する言葉を書きなさい。 〈5点〉
セントラル・パークはニューヨーク市の( )にある緑の憩いの場で，とても( )，とても( )。

5 [ ]内の語句を並べかえて，日本文にあう英文を書きなさい。 5点×3〔15点〕

(1) ユカは私たちに何枚かの写真を見せてくれました。
[us / pictures / Yuka / some / showed].

(2) カップの中に牛乳が入っています。 [in / is / there / milk / the cup / some].

ミス注意！ (3) 私は何か冷たい飲み物が欲しいです。
[to / something / drink / want / I / cold].

6 次の日本文を英語になおしなさい。 6点×2〔12点〕

(1) そのいすの上にイヌが1匹います。(there を使って7語で)

やや難 (2) あなたは何か食べるものを持っていますか。(anything を使って6語で)

Daily Life Scene 4

道案内

テストに出る! ココが要点&チェック!

道案内の表現

教 p.60

1 Could you ～? 「～していただけませんか」

→★チェック!(1)(2)

「～していただけませんか」と依頼(いらい)するときは，Could you ～? で表す。 Can you ～?(～してくれませんか)よりもていねいな表現。

Excuse me. **Could you** tell me the way to Tokyo Station?
└→ていねいな依頼の表現 └→〈tell＋人＋もの〉「(人)に(もの)を教える」

すみません。東京駅への道を私に教えていただけませんか。

— Take this bus and get off at the station.
└→「(乗り物)に乗って行く」 └→「(乗り物から)降りる」

— このバスに乗って行き，駅で降りてください。

Could you ～? への答え方

- 依頼を受けることができるとき → Sure.（もちろんです。）
- 依頼を受けることができないとき → Sorry, I can't.（すみませんが，できません。）
  Could で質問されても，答えるときは can を使う。
  （×）Sorry, I could not.

2 How long ～? 「どのくらい～」

→★チェック!(3)(4)

「どのくらい～」と時間や期間をたずねるときは，How long ～? で表す。How long の後は，do, does, did で始まる疑問文が続くことが多い。

How long does it take to get to the station? 駅に着くのにどのくらいかかりますか。
└→時間をたずねる表現 └→「(時間が)かかる」

— **It takes** about 15 minutes. — 約15分かかります。
└→時間を表す文の主語は it

☆チェック! (1)(2)は( )内から適する語句を選び，(3)(4)は( )内に適する語を書きなさい。

1
- □ (1) (Do / Could) you join us? 私たちに参加していただけませんか。
  — Sorry, I (can't / could not). — すみませんが，できません。
- □ (2) Could you (tell me / get to) the way to the station? 駅への道を私に教えていただけませんか。

2
- □ (3) How (　　　　) did you live in the city? あなたはどのくらいその都市に住んでいましたか。
- □ (4) How long (　　　　) it take to get to the shop? その店に着くのにどのくらいかかりますか。

☆チェック! の答えは次ページ

テスト対策問題

テスト対策ナビ

リスニング　♪a13

1 対話と質問を聞いて，その答えとして適するものを一つ選び，記号で答えなさい。

(1) ア It's near the station.　イ It's near the theater.
ウ It's between the station and the theater.　(　　)

(2) ア It takes about 50 minutes.　イ It takes about 15 minutes.
ウ It takes about 5 minutes.　(　　)

2 (1)～(4)は単語の意味を書きなさい。(5)・(6)は日本語を英語にしなさい。

(1) subway (　　)　(2) street (　　)
(3) museum (　　)　(4) minute (　　)
(5) まっすぐに ______　(6) 左 ______

3 次の日本文にあうように，___に適する語を書きなさい。

よく出る (1) (話しかけて)すみません。
______ ______.

(2) 書店へはどのようにしたら着けますか。
How can I ______ ______ the bookstore?

(3) 次の駅で降ります。
I'll ______ ______ at the next station.

(4) この近くに病院があります。
There is a hospital ______ ______.

よく出る (5) どういたしまして。
______ ______.

(6) この通りに沿ってまっすぐに行ってください。
______ ______ along this street.

(7) 喫茶店は左にあります。
The cafe is ______ the ______.

ミス注意! **4** 次の日本文を英語になおしなさい。

(1) その公園への道を私に教えていただけませんか。
______

(2) その公園に着くのにどのくらいかかりますか。
______

(3) ((2)に答えて)約30分かかります。
______

2 重要単語
(6) leave の過去形と同じつづり。反意語は right(右)。

3 重要表現

おぼえよう!
get を使う表現
・get to ～「～に着く」
・get on ～「～に乗る」
・get off「(バスなどから)降りる」

(5)お礼の言葉に答える決まり文句。

4 英作文

ポイント
依頼する表現
「～していただけませんか」→ Could you ～?
「～してくれませんか」→ Can you ～?

(2)(3)時間を表す it を主語にする。

p.34 答　(1) Could / can't　(2) tell me　(3) long　(4) does

解答 p.14

テストに出る！

予想問題

Daily Life Scene 4
道案内

30分

/100点

1 対話を聞いて，内容にあう絵を選び，記号で答えなさい。 ♪ a14 〔4点〕

(　　　)

2 次の日本文にあうように，____に適する語を書きなさい。 4点×7〔28点〕

(1) (話しかけて)すみません。

______ ______.

(2) この近くに図書館はありますか。

Is there a library ______ ______?

(3) そのコンビニエンスストアは左側にあります。

The convenience store is ______ the ______.

(4) 地下鉄の駅はどこにありますか。

______ ______ a subway station?

(5) 渋谷で降りなさい。

______ ______ at Shibuya.

(6) 美術館は公園の前にあります。

The museum is ______ ______ of the park.

(7) レストランは右側にあります。

The restaurant is ______ the ______.

3 次の対話が成り立つように，____に適する語を書きなさい。 4点×3〔12点〕

よく出る (1) ありがとう。— どういたしまして。

______ you.

— ______ ______.

ミス注意！ (2) 水を持ってきていただけませんか。— もちろんです。

______ ______ bring me some water?

— ______.

(3) 科学館へはどのようにしたら着けますか。— すみません，わかりません。

______ can I ______ to the science museum?

— ______, I don't know.

4 次の対話文を読んで，あとの問いに答えなさい。 〔22点〕

A: ① Could you tell me the way to Higashiyama Zoo?
B: ② (　　　) the subway and ③ (　　　)(　　　) at Higashiyama-koen Station.
A: ④ [does / how / get / long / it / to / there / take]?
B: ⑤ 約 20 分かかります。

(1) 下線部①の英文を日本語になおしなさい。 〈4点〉
(　　　　　　　　　　　　　　　　　　　　)

(2) 下線部②が「地下鉄に乗っていき」という意味になるように，(　)に適する語を書きなさい。 〈4点〉
________ the subway

(3) 下線部③が「東山公園駅で降りる」という意味になるように，(　)に適する語を書きなさい。 〈4点〉
________ ________ at Higashiyama-koen Station

ミス注意！ (4) 下線部④の[　]内の語を並べかえて，意味の通る英文にしなさい。 〈5点〉

(5) 下線部⑤を 5 語の英語になおしなさい。 〈5点〉

5 次の文を(　)内の指示にしたがって書きかえなさい。 5点×2〔10点〕

(1) They can get to Tokyo by train. (下線部をたずねる疑問文に)

(2) Please tell me about the movie. (「～していただけますか」とていねいに依頼(いらい)する文に)

6 次の日本文を英語になおしなさい。 6点×4〔24点〕

(1) その駅への道を私に教えていただけませんか。

(2) ((1)に答えて) この通りに沿ってまっすぐに行ってください。

(3) その駅に着くのにどのくらいかかりますか。

やや難 (4) その寺まではバスで約 5 分かかります。

Earthquake Drill

テストに出る！ ココが要点&チェック！

〈have to＋動詞の原形〉・助動詞 must

教 p.63〜p.67

1 〈have to＋動詞の原形〉「〜する必要がある」

チェック！(1)〜(4)

〈have to＋動詞の原形〉で「〜する必要がある」という意味を表す。否定文は〈don't have to＋動詞の原形〉の形で「〜する必要がない」という意味になる。

肯定文 You **have to** get down.（get → 動詞の原形） あなたはかがむ必要があります。

否定文 You **don't have to** take your bags.（take → 動詞の原形） あなたはかばんを持っていく必要はありません。
（don't have to → 一般動詞の文と同じように don't を使う）

主語が3人称単数のとき

- **肯定文** He **has to** take his bags.（→ has を使う）
- **否定文** He **doesn't have to** take his bags.（→ have to の前に doesn't）
- **疑問文** **Does** he **have to** take his bags?（→ 主語の前に Does）

過去の文・未来の文

▶過去の文では had to 〜，未来の文では will have to 〜を使う。

- **過去の文** I **had to** clean my room. 私は部屋を掃除する必要がありました。
- **未来の文** I **will have to** clean my room. 私は部屋を掃除する必要があるでしょう。

2 助動詞 must「〜しなければならない」

チェック！(5)(6)

〈must＋動詞の原形〉で「〜しなければならない」という強い義務感などを表す。否定文は〈must not＋動詞の原形〉の形で「〜してはいけない」という強い禁止を表す。

肯定文 You **must** stay calm.（stay → 動詞の原形） あなたは冷静なままでいなければなりません。

否定文 You **must not** leave your group.（leave → 動詞の原形） あなたはグループを離れてはいけません。

must の疑問文と答え方

Must I stay here?（→ Must を文頭に） 私はここにいなければなりませんか。
— **Yes**, you **must**. はい，いなければなりません。
— **No**, you **don't have to**.（→ must not は使わない） いいえ，その必要はありません。

must の文と命令文

- **義務** You **must read** this. これを読まなければなりません。
  ＝ **Read** this. これを読みなさい。
- **禁止** You **must not eat** this.
  ＝ **Don't eat** this. これを食べてはいけません。

助動詞 should

教 p.68～p.71

3 助動詞 should「～すべき」

➡チェック!★(7)(8)

〈should＋動詞の原形〉で「～すべき」という義務感を表す。You should ～の形では，「～したほうがよい」と相手への忠告や助言の意味合いになる。

肯定文 We **should** pack a flashlight.（pack：動詞の原形） 私たちは懐中電灯を詰めるべきです。

否定文 You **shouldn't** forget some cat food.（shouldn't：should not の短縮形／forget：動詞の原形）
あなたはキャットフードを忘れないほうがよいです。

助動詞のまとめ

- 助動詞は，動詞と組み合わせて使われ，動詞だけでは表せない意味を加える働きをする。
- 助動詞といっしょに使う動詞はいつも原形にする。

肯定文		主語＋助動詞	＋動詞の原形 ～.
否定文		主語＋助動詞＋not	＋動詞の原形 ～.
疑問文	助動詞＋主語		＋動詞の原形 ～?

- 主な助動詞とその意味

can：能力・可能「～できる」／許可「～してもよい」／依頼(いらい) Can you ～?「～してくれませんか」
will：未来「～だろう」／依頼 Will you ～?「～してくれませんか」
may：許可「～してよい」
shall：申し出る Shall I ～?「(私が)～しましょうか」
could：依頼 Could you ～?「～していただけませんか」
would：すすめる Would you like ～?「～はいかがですか」
must：義務「～しなければならない」／禁止 must not ～「～してはいけない」
should：義務「～すべきである」／助言「～したほうがよい」

☆チェック! (　)内に適する語を書きなさい。

1
- □ (1) I (　　) to go home now. 私は今，帰宅する必要があります。
- □ (2) You (　　) have to speak English. あなたは英語を話す必要はありません。
- □ (3) She (　　) to help her mother. 彼女は母親を手伝う必要があります。
- □ (4) (　　) you have to wait here? あなたはここで待つ必要がありますか。

2
- □ (5) We (　　) get up early. 私たちは早く起きなければなりません。
- □ (6) You must (　　) eat too much. あなたは食べすぎてはいけません。

3
- □ (7) We (　　) study hard. 私たちは熱心に勉強するべきです。
- □ (8) You (　　) swim now. 今は泳がないほうがいいです。

☆チェック! の答えは次ページ

テスト対策問題

テスト対策ナビ

リスニング

♪ a15

1 対話と質問を聞いて，その答えとして適するものを一つ選び，記号で答えなさい。

(1) ア She has to play with her brother.　イ She has to visit her grandparents.
ウ She has to help her parents.　(　　)

(2) ア He should clean his room.　イ He must stay home today.
ウ He doesn't have to do his homework.　(　　)

2 (1)〜(6)は単語の意味を書きなさい。(7)〜(10)は日本語を英語にしなさい。

(1) medicine (　　)　(2) reason (　　)
(3) become (　　)　(4) useful (　　)
(5) prepare (　　)　(6) quickly (　　)
(7) 〜を閉める ____　(8) 〜を学ぶ ____
(9) 〜を覆う ____　(10) 集団 ____

よく出る **3** 次の日本文にあうように，____に適する語を書きなさい。

(1) その部屋に入ってください。
Please ____ ____ the room.

ミス注意! (2) 彼女はテーブルにつかまっています。
She is ____ ____ to the table.

(3) この場所から離れていなさい。
____ ____ from this place.

ミス注意! (4) 私は彼が親切だとは思いません。
I ____ ____ he is kind.

4 次の日本文にあうように，____に適する語を書きなさい。

(1) 私は宿題を終わらせる必要があります。
I ____ ____ finish my homework.

(2) 彼は昼食を作る必要があります。
He ____ ____ make lunch.

5 次の各組の文がほぼ同じ内容を表すように，____に適する語を書きなさい。

(1) Do your best.
You ____ ____ your best.

(2) Don't leave your classroom.
You ____ ____ ____ your classroom.

2 重要単語
(6)形容詞の語尾に -ly を付けると副詞になるものがある。
quick → quickly
quiet → quietly

3 重要表現
(4)I think 〜.の否定文。

ミス注意！
「〜とは思わない」は，I don't think 〜. となる。not を置く位置に注意。
(○) I don't think she is happy.「彼女が幸せだとは思いません。」
(△) I think she isn't happy.

4 have[has] to 〜

おぼえよう！
have[has] to 〜
・主語が I, you, 複数 → have to 〜
・主語が3人称単数 → has to 〜

5 助動詞 must
(1)義務を表す。
(2)禁止を表す。

p.39 答　(1) have　(2) don't　(3) has　(4) Do　(5) must　(6) not　(7) should　(8) shouldn't

6 次の会話文を読んで，あとの問いに答えなさい。

Eri: First, you have to (①) down on the floor and then (①) under a desk.
Kota: When the shaking stops, you can leave the building.
Tina: ② [have / take / we / bags / to / our / do]?
Kota: ③ No, you (　　)(　　)(　　) take them.
Hajin: And if there is no desk?
Eri: ④ I (　　)(　　). ⑤ I'll have to check.

(1) ①の( )に共通して適する語をア～エから選び，記号で答えなさい。

ア make　イ get　ウ take　エ go　(　　)

(2) 下線部②が「私たちはかばんを持っていく必要はありますか。」という意味になるように，[ ]内の語を並べかえなさい。

(3) 下線部③の( )に適する語を書きなさい。

No, you ＿＿＿ ＿＿＿ ＿＿＿ take them.

よく出る (4) 下線部④が「私は知りません。」という意味になるように，( )に適する語を書きなさい。

I ＿＿＿ ＿＿＿.

(5) 下線部⑤を日本語になおしなさい。

(　　　　)

6 本文の理解

(1)「かがむ」と「～の下に入る」。

(2) Do で始まる疑問文。

(3)「～する必要はない」

(5) I'll は I will の短縮形。

7 [ ]内の語句を並べかえて，日本文にあう英文を書きなさい。

(1) 彼らは早く寝るべきです。
[to / should / early / bed / they / go].

(2) あなたはその映画は見ないほうがよいです。
[see / you / should / the movie / not].

7 助動詞 should

ポイント
should の意味
・義務「～すべき」
・忠告・助言
(相手に対して)「～したほうがよい」

ミス注意！

8 次の日本文を英語になおしなさい。

(1) あなたたちは野球を練習する必要があります。(5 語で)

(2) 私たちは明日，6 時に起きなければなりません。(7 語で)

(3) あなたは野菜を食べたほうがよいです。(4 語で)

8 英作文

(1)「～を練習する」は practice。

(3)「野菜」は vegetable(s)。

テストに出る！

予想問題 Unit 5 Earthquake Drill

30分 /100点

1 対話を聞いて，内容にあう絵を選び，記号で答えなさい。 a16 〔4点〕

（　　）

よく出る **2** 次の日本文にあうように，＿＿に適する語を書きなさい。 4点×7〔28点〕

(1) カフェに入りましょう。

Let's ＿＿＿＿ ＿＿＿＿ a cafe.

ミス注意！ (2) 防災バッグを用意することは大切です。

＿＿＿＿ an ＿＿＿＿ bag is important.

(3) 生徒たちは集団で学校へ行きます。

The students go to school ＿＿＿＿ a ＿＿＿＿.

(4) 親はいつも子供の身の安全を確保します。

Parents always ＿＿＿＿ their children ＿＿＿＿.

(5) その建物から離れていてください。

Please ＿＿＿＿ ＿＿＿＿ from the building.

ミス注意！ (6) 昨日，地震訓練がありました。

There ＿＿＿＿ ＿＿＿＿ earthquake drill yesterday.

(7) その木にしがみつきなさい。

＿＿＿＿ on ＿＿＿＿ that tree.

3 次の各組の文がほぼ同じ内容を表すように，＿＿に適する語を書きなさい。 4点×4〔16点〕

(1) Do your homework.
You ＿＿＿＿ ＿＿＿＿ your homework.

(2) Don't go to bed late.
You ＿＿＿＿ ＿＿＿＿ ＿＿＿＿ to bed late.

(3) They must arrive at nine.
They ＿＿＿＿ ＿＿＿＿ arrive at nine.

ミス注意！ (4) He must wash the dishes every day.
He ＿＿＿＿ ＿＿＿＿ wash the dishes every day.

4 次の会話文を読んで，あとの問いに答えなさい。 〔22点〕

Tina: ①［ of / here's / items / checklist / a ］.
Ms. Rios: Good. ②(　　　)(　　　). We ③(　　　)(　　　) a flashlight, a radio, a map, and a whistle.
Tina: Mom, ④［ cat food / forget / shouldn't / for / some / you ］Felix.
Nick: And ... cookies?
Tina: OK, but ⑤I don't think you have to bring them all.

(1) 下線部①の［　］内の語を並べかえて，意味の通る文にしなさい。〈4点〉

____

(2) 下線部②が「ええっと」という意味になるように，(　)に適する語を書きなさい。〈4点〉

__________ __________.

(3) 下線部③が「～の荷造りをすべきです」という意味になるように，(　)に適する語を書きなさい。〈4点〉

__________ __________

よく出る (4) 下線部④が「あなたはフェリックスのためのキャットフードを忘れないほうがよいです」という意味になるように，［　］内の語句を並べかえなさい。〈5点〉

____________________________ Felix

(5) 下線部⑤の英文を日本語になおしなさい。〈5点〉

(　　　　　　　　　　　　　　　　　　　　　　　　)

5 ［　］内の語句を並べかえて，日本文にあう英文を書きなさい。 5点×3〔15点〕

(1) あなたは釣りに行かないほうがよいです。［ go / fishing / shouldn't / you ］.

____

(2) 彼は英語を話す必要がありますか。［ have / he / speak / to / English / does ］?

____

(3) 彼女は明日，郵便局に行く必要があるでしょう。
［ to / to / she / go / have / the post office / tomorrow / will ］.

____

6 次の日本文を英語になおしなさい。 5点×3〔15点〕

(1) 彼は父親を手伝う必要はありません。（7語で）

____

(2) 今，テレビを見てはいけません。（6語で）

____

(3) あなたはそのドアを静かに閉めたほうがよいです。（6語で）

____

Unit 6 ～ Let's Read 2

Work Experience ～ Meet Hanyu Yuzuru

テストに出る！ ココが要点&チェック！

不定詞〈副詞的用法・目的〉・接続詞 because

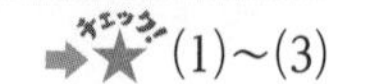

1 不定詞〈副詞的用法・目的〉「～するために」

➡チェック！★(1)～(3)

不定詞〈to＋動詞の原形〉は副詞のような働きをして，「～するために」という意味で動作や状態の目的を表すことがある。

He's here to help you.
「ここにいる」
is here の目的
I study English to travel abroad.
「英語を勉強する」
study English の目的

彼はあなたを手伝うためにここにいます。

私は海外へ旅行するために英語を勉強します。

2 接続詞 because「～なので…」

接続詞 because は「～なので」という理由や原因を表し，2つの文をつなぐ。because のまとまりは，文の前半にも後半にも置くことができる。

We were able to communicate well **because** we talked in English.

because ～が文の後半

私たちは英語で話したので，上手に気持ちを伝え合うことができました。

Because we talked in English**,** we were able to communicate well.

because ～が文の前半　　コンマを置く

Why ～? に対する答え方

▶Because ～で理由を答える

Why do you study English?

あなたはなぜ英語を勉強するのですか。

— **Because** I want to travel abroad.

— 海外へ旅行したいからです。

▶副詞的用法の不定詞で目的を答える

Why do you study English?

あなたはなぜ英語を勉強するのですか。

— **To study** abroad.

— 海外で勉強するためです。

接続詞のまとめ

▶時，条件，理由などを表す接続詞

・when は「～のとき」，if は「もし～なら」，because は「～なので」の意味を表し2つの文をつなぐ。

・when，if，because を文の先頭に置くときは，コンマ(,)を文と文の間に置く。

▶接続詞 that

・that は「～ということ」の意味を表し，think や know などの動詞や，sure や glad などの形容詞の後ろに置いて，その内容を表す文をつなぐ。

I think **that** the book is interesting.　私はその本はおもしろいと思います。

不定詞〈副詞的用法・原因〉

教 p.80～p.83

3 不定詞〈副詞的用法・原因〉「～して…」

(6)(7)

副詞的用法の不定詞〈to＋動詞の原形〉は感情を表す形容詞の後に置かれて，「～して…」という意味で，感情が起きた原因を表すことがある。

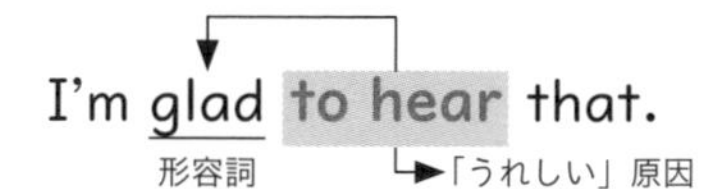

I'm glad to hear that.　　私はそれを聞いてうれしいです。

形容詞　→「うれしい」原因

感情を表す形容詞

glad(うれしく思う)，happy(うれしい，幸せな)，sad(悲しい)，angry(怒った，腹を立てた)，excited(興奮して，わくわくして)，surprised(驚いた)，sorry(気の毒で，かわいそうで)

不定詞のまとめ

- **〈to＋動詞の原形〉の形を不定詞という。**
- **不定詞は文の中での働きによって，次の 3 つの用法がある。**

・名詞的用法：「～すること」の意味を表し，名詞のように目的語，主語，補語になる。

I like tennis.　　私はテニスが好きです。
→名詞「テニス」が目的語

I like to play tennis.　　私はテニスをすることが好きです。
→名詞的用法の不定詞「テニスをすること」が目的語

・形容詞的用法：「～するための」の意味を表し，形容詞のように(代)名詞を修飾する。

I have something interesting.　　私はおもしろいものを持っています。
形容詞「おもしろい」→「何か」

I have something to eat.　　私は食べるものを持っています。
形容詞的用法の不定詞「食べるための」→「何か」

・副詞的用法：「～するために」や「～して…」の意味を表し，副詞のように動詞や形容詞を修飾する。

I studied English hard.　　私は熱心に英語を勉強しました。
副詞「熱心に」→「英語を勉強した」

I studied English to travel abroad.　　私は海外へ旅行するために英語を勉強しました。
副詞的用法の不定詞「海外へ旅行するために」→「英語を勉強した」

☆チェック!　(　)内に適する語を書きなさい。

1
- □ (1) He went to the store (　　　) buy a cap.　　彼は帽子を買うためにその店へ行きました。
- □ (2) I was at home (　　　) read a book.　　私は本を読むために家にいました。
- □ (3) She will go there to (　　　) soccer.　　彼女はサッカーをするためにそこへ行くでしょう。

2
- □ (4) (　　　) it was rainy, I didn't go shopping.　　雨だったので，買い物に行きませんでした。
- □ (5) I am angry (　　　) you ate my cake.　　あなたが私のケーキを食べたので，私は怒っています。

3
- □ (6) She was surprised (　　　) get the letter.　　彼女はその手紙を受け取って驚きました。
- □ (7) We were (　　　) to hear it.　　私たちはそれを聞いて悲しかったです。

☆チェック! の答えは次ページ

テスト対策問題

リスニング

♪ a17

1 対話と質問を聞いて，その答えとして適するものを一つ選び，記号で答えなさい。

(1) ア To make a cake. イ To buy some eggs.
ウ To buy a cake. (　　)

(2) ア He felt a little sad. イ He didn't feel sad.
ウ He felt very sad. (　　)

2 (1)〜(6)は単語の意味を書きなさい。(7)〜(10)は日本語を英語にしなさい。

(1) communicate (　　) (2) exam (　　)
(3) teach (　　) (4) attention (　　)
(5) question (　　) (6) language (　　)
(7) 東 ＿＿＿＿ (8) 体験，経験 ＿＿＿＿
(9) 間違い，誤り ＿＿＿＿ (10) 子供 ＿＿＿＿

よく出る **3** 次の日本文にあうように，＿＿に適する語を書きなさい。

(1) 趣味(しゅみ)について話しましょう。
Let's ＿＿＿＿ ＿＿＿＿ our hobbies.

(2) 最初は，彼の言葉が理解できませんでした。
＿＿＿＿ ＿＿＿＿, I couldn't understand his words.

(3) 私は速く走ることができます。
I ＿＿＿＿ ＿＿＿＿ to run fast.

4 不定詞を使って1文になるように，＿＿に適する語を書きなさい。

(1) They went to the park. They played soccer there.
They went to the park ＿＿＿＿ ＿＿＿＿ soccer.

(2) I visited Kyoto. I saw my uncle there.
I visited Kyoto ＿＿＿＿ ＿＿＿＿ my uncle.

ミス注意! **5** [ ]内の語を並べかえて，日本文にあう英文を書きなさい。

(1) あなたが来なかったので，彼らは怒っています。
[because / didn't / are / come / angry / you / they].

＿＿＿＿＿＿＿＿＿＿＿＿＿＿＿＿

(2) 私はスケートをすることができるので，冬が好きです。
[can / like / skate / because / winter / I / I / ,].

＿＿＿＿＿＿＿＿＿＿＿＿＿＿＿＿

テスト対策ナビ

2 重要単語
(1)名詞形は communication。
(8)「〜を経験する」という動詞の意味もある。
(10)複数形は children。

3 重要表現

ポイント
can「〜できる」
＝am[is, are] able to
could「〜できた」
＝was[were] able to

4 不定詞(副詞的用法・目的)
「〜するために…する」という文にする。

5 接続詞 because

ミス注意！
接続詞 because
because のまとまりは文の前半，後半どちらに置いてもよい。前半に置くときはコンマ(,)が必要。

p.45 答 (1) to (2) to (3) play (4) Because (5) because (6) to (7) sad

6 次のエリが書いたレポートを読んで，あとの問いに答えなさい。

① I (　　　) the staff (　　　) an event, the “Touch Pool.” In that event, you can touch fish, shrimps, and starfish. ② I stood by the pool to introduce the names of the fish to small children. （中略）

Now I want to learn more about sea animals. Working at an aquarium is not easy ③ [of / we / things / because / take / must / living / care], but ④ it was fun anyway.

よく出る (1) 下線部①が「私はスタッフがイベントをするのを手伝いました」という意味になるように，(　)に適する語を書きなさい。

I ＿＿＿＿ the staff ＿＿＿＿ an event

(2) 下線部②の英文を日本語になおしなさい。

(　　　　　　　　　　　　　　　　　　)

(3) 下線部③が「私たちは生物の世話をしなければならないので」という意味になるように，[　]内の語を並べかえなさい。

＿＿＿＿＿＿＿＿＿＿＿＿＿＿＿＿＿＿＿＿

(4) 下線部④が指すものを本文中の４語で書きなさい。

＿＿＿＿ ＿＿＿＿ ＿＿＿＿ ＿＿＿＿

(5) 本文の内容にあうように，次の質問に英語で答えなさい。

What does Eri want to learn now?

＿＿＿＿＿＿＿＿＿＿＿＿＿＿＿＿＿＿＿＿

6 本文の理解

(2) to introduce は副詞的用法の不定詞。

(3)「～の世話をする」は take care of ～。「生物」は living thing(s)。

(5)「エリは今，何を学びたいですか」という質問。

7 次の日本文にあうように，＿＿に適する語を書きなさい。

(1) 私はプレゼントをもらってうれしいです。

I am ＿＿＿＿ ＿＿＿＿ get the present.

(2) 彼は試合で負けて悲しみました。

He was sad ＿＿＿＿ ＿＿＿＿ the game.

(3) あなたはその映画を見てわくわくするでしょう。

You will be ＿＿＿＿ ＿＿＿＿ see the movie.

7 不定詞（副詞的用法・原因）

おぼえよう!

〈形容詞＋to＋動詞の原形〉

- be glad[happy] to ～ (～してうれしい)
- be sad to ～ (～して悲しい)
- be surprised to ～ (～して驚く)
- be excited to ～ (～してわくわくする)

8 次の日本文を英語になおしなさい。

(1) マミ(Mami)は教師になるために英語を勉強します。

＿＿＿＿＿＿＿＿＿＿＿＿＿＿＿＿＿＿＿＿

(2) 私は空腹なので，甘いお菓子が食べたいです。

＿＿＿＿＿＿＿＿＿＿＿＿＿＿＿＿＿＿＿＿

(3) 私たちは彼女に会って驚きました。(to を使って)

＿＿＿＿＿＿＿＿＿＿＿＿＿＿＿＿＿＿＿＿

8 英作文

(1)(3)副詞的用法の不定詞を使う。

(2)理由を表す接続詞を使う。

Unit 6 ～ Let's Read 2
Work Experience ～ Meet Hanyu Yuzuru

30分　/100点

1 対話を聞いて，明日のアキラの行動を表す絵を選び，記号で答えなさい。 ♪a18 〔4点〕

ア　イ　ウ　エ

¥498　¥98

(　　　)

2 次の日本文にあうように，＿＿に適する語を書きなさい。 3点×5〔15点〕

(1) 私はユミと友達になりました。
I ＿＿＿＿ ＿＿＿＿ with Yumi.

(2) 私は1日に3回歯を磨きます。
I brush my teeth three ＿＿＿＿ a ＿＿＿＿.

(3) 私たちはみんな試験に受かりました。
We all ＿＿＿＿ the ＿＿＿＿.

(4) 小さなことに注意を払ってください。
Please ＿＿＿＿ ＿＿＿＿ ＿＿＿＿ small things.

(5) 彼はそのとき最高の状態ではありませんでした。
He wasn't ＿＿＿＿ his ＿＿＿＿ then.

3 次の文の＿＿に適する語を下から選んで書きなさい。ただし，同じものを2度使わないこと。 3点×4〔12点〕

(1) I think his way ＿＿＿＿ thinking is interesting.
(2) English is easy for me. ＿＿＿＿ the other hand, math is difficult for me.
(3) He succeeded ＿＿＿＿ climbing the mountain.
(4) ＿＿＿＿ first, I didn't like him.

at　of　in　on

4 次の文を( )内の指示にしたがって書きかえるとき，＿＿に適する語を書きなさい。 4点×4〔16点〕

(1) I'm from Canada.（下線部をたずねる文に）
＿＿＿＿ ＿＿＿＿ you ＿＿＿＿?

(2) He practiced tennis hard. He won the match.（to を使って1文に）
He practiced tennis hard ＿＿＿＿ ＿＿＿＿ the match.

ミス注意! (3) I got the present from him. I was surprised.（to を使って1文に）
I was surprised ＿＿＿＿ ＿＿＿＿ the present from him.

ミス注意! (4) She wanted to watch TV, so she went home early.（ほぼ同じ内容を表す文に）
She went home early ＿＿＿＿ she ＿＿＿＿ to watch TV.

5 羽生結弦(はにゅうゆづる)選手へのインタビュー記事の一部を読んで，あとの問いに答えなさい。 〔22点〕

Then, people came ① to support me. They came from a lot of places. ② [me / to / a place / practice / gave / they]. ③ I was glad to receive their help. ④ I was able to continue skating because of my supporters.

よく出る (1) 下線部①の不定詞と同じ用法の不定詞を含む文をア～ウから選び，記号で答えなさい。 〈5点〉

ア I like to read comic books.　イ I use the bicycle to go to school.

ウ She had nothing to drink. (　　)

(2) 下線部②が「彼らは私に練習するための場所を与えてくれました。」という意味になるように，[ ]内の語句を並べかえなさい。 〈5点〉

______

(3) 下線部③の英文を日本語になおしなさい。 〈6点〉

(　　　　)

(4) 下線部④を次のように表すとき，___に適する語を書きなさい。 〈6点〉

I ______ continue skating ______ people supported me.

6 [ ]内の語句を並べかえて，日本文にあう英文を書きなさい。 4点×4〔16点〕

(1) 私は本を数冊借りるために図書館にいます。

[in / to / books / I'm / borrow / the library / some].

______

(2) 私はコアラを見るためにオーストラリアに行きたいです。

[Australia / see / I / koalas / go / want / to / to / to].

______

(3) 私たちはゾウに乗ってとてもわくわくしました。

[to / very / were / ride / we / excited / an elephant].

______

(4) 彼は疲れていたので，早く寝ました。

[was / because / to / went / tired / he / he / early / bed / ,].

______

7 次の日本文を英語になおしなさい。 5点×3〔15点〕

(1) 弟は公園で走るために7時に起きました。

______

(2) 彼はその手紙を読んで怒りました。(7語で)

______

(3) 私は音楽が好きなので，歌手になりたいです。(because を使って)

______

HELLO!

Amazing Australia

テストに出る！ ココが要点&チェック！

比較級と最上級

教 p.95～p.99

1 比較級と最上級（-er / -est）

チェック！(1)～(4)

2つのものを比べて「…より～」は〈比較級＋than ...〉で表す。3つ以上のものを比べて「(…で)いちばん～」は〈the＋最上級(＋in[of] ...)〉で表す。

Australia is large.　オーストラリアは広いです。
→形容詞[副詞]には比較級・最上級という形の変化がある

比較級の文 Australia is **larger than** Japan.　オーストラリアは日本より広いです。
(larger：large の比較級／larger than：〈比較級＋than ...〉)

最上級の文 Australia is **the largest** island in the world.
(largest：large の最上級／the largest：〈the＋最上級〉／in the world：〈in＋場所・範囲〉「世界で」)
オーストラリアは世界でいちばん広い島です。

▶比較級・最上級の作り方

語尾	作り方	原級—比較級—最上級
ほとんどの語	-er，-est を付ける	long － longer － longest
e で終わる語	-r，-st を付ける	nice － nicer － nicest
〈子音字＋y〉で終わる語	y を i に変えて -er，-est を付ける	easy － easier － easiest
〈短母音＋子音字〉で終わる語	子音字を重ねて -er，-est を付ける	big － bigger － biggest

2 比較級と最上級（more / the most）

チェック！(5)(6)

比較的つづりの長い語の比較級・最上級は，語尾に -er や -est を付けるのではなく，比較級は前に more，最上級は前に the most を置く。

Rugby is popular in Australia.
(popular：つづりの長い形容詞)
オーストラリアではラグビーが人気があります。

比較級の文 Rugby is **more popular than** soccer in Australia.
(more popular：popular の比較級／more popular than：〈比較級＋than ...〉)
オーストラリアではラグビーはサッカーより人気があります。

最上級の文 Which sport is **the most popular** in Australia?
(most popular：popular の最上級／the most popular：〈the＋最上級〉)
オーストラリアでいちばん人気があるのはどのスポーツですか。

more，most を使って比較級・最上級を作る形容詞[副詞]

・interesting（おもしろい）　・difficult（難しい）　・beautiful（美しい）　・famous（有名な）
・popular（人気のある）　・important（重要な）　・exciting（興奮させる）　・quickly（すぐに）

as ～ as ...

教 p.100～p.103

3 as ～ as ...

→チェック!★(7)～(9)

2つのものを比べて「…と同じくらい～」と言うときは，〈as＋形容詞[副詞]＋as ...〉で表す。否定文の〈not as＋形容詞[副詞]＋as ...〉は「…ほど～ではない」という意味を表す。

肯定文 Uluru is as tall as Tokyo Tower.
〈as＋形容詞＋as ...〉 比べるもの
ウルルは東京タワーと同じくらい高いです。

否定文 The Statue of Liberty is not as tall as Tokyo Tower.
〈not as＋形容詞＋as ...〉
自由の女神像は東京タワーほど高くありません。

〈not as＋形容詞[副詞]＋as ...〉と比較級

▶〈not as＋形容詞[副詞]＋as …〉は比較級を使って，ほぼ同じ内容を表すことができる。
Tokyo Tower is taller than the Statue of Liberty. 東京タワーは自由の女神像より高いです。

注意すべき比較級・最上級の文

▶2つのものを比べて「～と…では，どちらのほうがーですか」とたずねるときは，〈Which is＋比較級，～ or ...?〉の形で表す。
Which is larger, Canada or India? ― Canada is.
比較級
カナダとインドでは，どちらのほうが広いですか。― カナダです。

▶「最も～な…のうちの1つ」は〈one of the＋最上級＋名詞の複数形〉で表す。
This is one of the most famous museums in the world.
最上級 名詞の複数形
これは世界で最も有名な博物館のうちの1つです。

☆チェック! (　)内の語を必要があれば適する形にして書きなさい。ただし，(5)(6)は(　)内から適する語句を選びなさい。

1
- □ (1) My bicycle is (　　　) than yours. (old) 私の自転車はあなたのものより古いです。
- □ (2) His room is the (　　　) of the three. (small) 彼の部屋は3つの中でいちばん小さいです。
- □ (3) This shirt is (　　　) than that one. (big) このシャツはあのシャツよりも大きいです。
- □ (4) I'm the (　　　) in the world. (happy) 私は世界でいちばん幸せです。

2
- □ (5) English is (more / the most) difficult than math. 英語は数学よりも難しいです。
- □ (6) This is (more / the most) famous picture of all. これは全ての中でいちばん有名な絵です。

3
- □ (7) Akira is as (　　　) as Ken. (kind) アキラはケンと同じくらい親切です。
- □ (8) I get up as (　　　) as my mother. (early) 私は母と同じくらい早く起きます。
- □ (9) India is not as (　　　) as Canada. (large) インドはカナダほど広くありません。

☆チェック!の答えは次ページ

テスト対策問題

テスト対策ナビ

リスニング

♪ a19

1 対話と質問を聞いて，その答えとして適するものを一つ選び，記号で答えなさい。

(1) ア Japanese is. イ Science is.
ウ Japanese and science are. (　　)

(2) ア The aquarium is. イ The museum is.
ウ The amusement park is. (　　)

2 (1)〜(6)は単語の意味を書きなさい。(7)〜(10)は日本語を英語にしなさい。

(1) deep (　　) (2) expensive (　　)
(3) lake (　　) (4) fact (　　)
(5) natural (　　) (6) continent (　　)
(7) クイズ ＿＿＿ (8) 川 ＿＿＿
(9) 100万(の) ＿＿＿ (10) 地球 ＿＿＿

2 重要単語
(5)名詞形は nature。
(9)数を表す語。「100」は hundred，「1000」は thousand。

よく出る **3** 次の日本文にあうように，＿＿に適する語を書きなさい。

(1) そのとおり！
＿＿＿！

(2) オーストラリアはコアラで有名です。
Australia is ＿＿＿ ＿＿＿ koalas.

(3) 彼女は夏に10冊より多くの本を読むつもりです。
She'll read ＿＿＿ ＿＿＿ ten books in summer.

(4) 実際は，彼はピアノを練習しませんでした。
＿＿＿ ＿＿＿, he didn't practice the piano.

(5) 生徒の5分の1が試験に落ちました。
＿＿＿ ＿＿＿ of the students failed the exam.

(6) 公園でサッカーをする子供がいる一方で，野球をする子供もいます。
＿＿＿ children play soccer in the park. ＿＿＿ play baseball there.

3 重要表現
(1)「そのとおりです」は That's[You're] right. もよく使われる。
(5)分数は序数(〜番目を表す語)を使う。

4 次の文の＿＿に，(　)内の語を適する形にかえて書きなさい。

(1) My pencil is ＿＿＿ than yours. (long)
(2) I can run ＿＿＿ than my sister. (fast)
(3) This room is the ＿＿＿ in my house. (large)
ミス注意！ (4) My mother is ＿＿＿ than my father. (busy)
ミス注意！ (5) She gets up the ＿＿＿ of the three. (early)

4 比較級・最上級 (-er / -est)

ポイント
語尾 y を i に変えて -er，-est を付ける語
happy，heavy，busy，early，easy など

おぼえよう！
in と of の使い分け
・〈in＋場所や範囲を表す語句〉→ in Japan など
・〈of＋複数を表す語句〉→ of the five など

p.51 答 (1) older (2) smallest (3) bigger (4) happiest (5) more (6) the most (7) kind (8) early (9) large

5 次の対話文を読んで，あとの問いに答えなさい。

Ms. Brown: ① Uluru is (　　　)(　　　)(　　　) Tokyo Tower.
Hajin: That's a huge rock!
Ms. Brown: ② It's a sacred site ③〔 of / for / people / the area / the Aboriginal 〕.

(1) 下線部①が「ウルルは東京タワーと同じくらい高いです。」という意味になるように，(　)内に適する語を書きなさい。
Uluru is ＿＿＿＿ ＿＿＿＿ ＿＿＿＿ Tokyo Tower.

よく出る (2) 下線部②を，It の内容を明らかにして日本語になおしなさい。
(　　　　　　　　　　　　　　　　　　)

(3) 下線部③が「その地域のアボリジナルにとって(は)」という意味になるように，〔　〕内の語句を並べかえなさい。
＿＿＿＿＿＿＿＿＿＿＿＿＿＿＿＿

(4) 本文の内容にあうように，次の質問に英語で答えなさい。
Is Uluru a very large rock?
＿＿＿＿＿＿＿＿＿＿＿＿＿＿＿＿

よく出る
6 次の日本文にあうように，＿＿に適する語を書きなさい。

(1) サッカーは野球より人気があります。
Soccer is ＿＿＿＿ ＿＿＿＿ than baseball.

(2) あの花は全部の中でいちばんきれいです。
That flower is ＿＿＿＿ ＿＿＿＿ ＿＿＿＿ of all.

7 〔　〕内の語句を並べかえて，日本文にあう英文を書きなさい。

(1) 私のイヌはあなたのイヌと同じぐらい大きいです。
〔 is / my dog / yours / big / as / as 〕.
＿＿＿＿＿＿＿＿＿＿＿＿＿＿＿＿

(2) 彼はあなたほど注意深くありません。
〔 as / as / careful / is / he / you / not 〕.
＿＿＿＿＿＿＿＿＿＿＿＿＿＿＿＿

8 次の日本文を英語になおしなさい。

(1) あなたのコンピュータは私のものより新しいです。
＿＿＿＿＿＿＿＿＿＿＿＿＿＿＿＿

(2) この本はあの本よりも難しい(difficult)です。
＿＿＿＿＿＿＿＿＿＿＿＿＿＿＿＿

---

5 本文の理解

(1)「…と同じくらい～」は〈as＋形容詞［副詞］＋as ...〉で表す。

(4) very large＝huge

6 比較級・最上級 (more / the most)

(1)「人気がある」は popular。
(2)「きれい」は beautiful。

ミス注意！
more や the most の後の形容詞や副詞の形は変化しないことに注意。

7 as ～ as ...

ポイント
as ～ as ...の文
・肯定文：「…と同じくらい～」
・否定文：「…ほど～ではない」

8 英作文

(1)「私のもの」は mine。

テストに出る！
予想問題
Unit 7 Amazing Australia

30分　/100点

1 対話を聞いて，内容にあう絵を選び，記号で答えなさい。　a20　〔4点〕

(　　　)

よく出る **2** 次の日本文にあうように，＿＿に適する語を書きなさい。　3点×7〔21点〕

(1) 用意はできていますか。
＿＿＿＿ you ＿＿＿＿?

(2) 私にとって最もおもしろい科目の 1 つは音楽です。
＿＿＿＿ of the ＿＿＿＿ interesting subjects for me is music.

(3) その話は真実に違いありません。
That story ＿＿＿＿ ＿＿＿＿ true.

(4) 20 人より多くの人々が試験に受かりました。
＿＿＿＿ ＿＿＿＿ twenty people passed the exam.

(5) ニューヨークは自由の女神(めがみ)像で有名です。
New York is ＿＿＿＿ ＿＿＿＿ the Statue of Liberty.

(6) クイズをしましょう。
Let's ＿＿＿＿ a ＿＿＿＿.

(7) 日本で 2 番目に大きな湖は何ですか。
What is the ＿＿＿＿-＿＿＿＿ lake in Japan?

3 次の各組の文がほぼ同じ内容を表すように，＿＿に適する語を書きなさい。　4点×5〔20点〕

(1) My dog is bigger than his.
His dog is ＿＿＿＿ ＿＿＿＿ mine.

(2) This question is more difficult than that one.
That question is ＿＿＿＿ ＿＿＿＿ this one.

(3) I can run faster than Emi. Emi can run faster than Saki.
I can run ＿＿＿＿ ＿＿＿＿ of the three.

(4) Jun is thirteen years old. Sho is thirteen years old, too.
Jun is ＿＿＿＿ ＿＿＿＿ ＿＿＿＿ Sho.

ミス注意！ (5) This comic book is not as exciting as that one.
That comic book is ＿＿＿＿ ＿＿＿＿ ＿＿＿＿ this one.

4 次の英文を読んで，あとの問いに答えなさい。〔23点〕

Some people say Australia is the ①(large) island in the world. ②<u>Others say it's the smallest continent.</u> Australia is ③(large) than Japan, but ④<u>its population</u> is smaller than Japan's. ⑤<u>(　　)(　　)</u>, ⑥<u>Australia's [Japan's / of / is / one / about / population / fifth] population.</u>

(1) ①，③の(　)内の語を適する形になおしなさい。〈各3点〉

①＿＿＿＿　③＿＿＿＿

(2) 下線部②を，it の内容を明らかにして日本語になおしなさい。〈5点〉

(　　　　　　　　　　　　　　　　)

よく出る (3) 下線部④を its の指すものがわかるように表すとき，＿＿に適する語を書きなさい。〈3点〉

＿＿＿＿ population

(4) 下線部⑤が「実際は」という意味になるように，(　)に適する語を書きなさい。〈4点〉

＿＿＿＿ ＿＿＿＿,

(5) 下線部⑥が「オーストラリアの人口は日本の人口の約５分の１です」という意味になるように，[　]内の語を並べかえなさい。〈5点〉

Australia's ＿＿＿＿＿＿＿＿＿＿＿＿ population

5 [　]内の語句を並べかえて，日本文にあう英文を書きなさい。5点×4〔20点〕

(1) この動物園ではどの動物がいちばん人気がありますか。

[animal / in / the / is / popular / this / most / zoo / which]?

＿＿＿＿＿＿＿＿＿＿＿＿＿＿＿＿

(2) 私は，あのかばんはこちらのものよりすてきだと思います。

[this one / think / nicer / is / I / than / that bag].

＿＿＿＿＿＿＿＿＿＿＿＿＿＿＿＿

(3) この箱はあの箱と同じくらい重いです。

[one / is / as / as / box / heavy / that / this].

＿＿＿＿＿＿＿＿＿＿＿＿＿＿＿＿

(4) 私はクミほど熱心にテニスを練習しませんでした。

[as / as / Kumi / didn't / tennis / practice / hard / I].

＿＿＿＿＿＿＿＿＿＿＿＿＿＿＿＿

6 次の日本文を英語になおしなさい。6点×2〔12点〕

(1) ユリ(Yuri)はそのクラスでいちばん親切な生徒です。

＿＿＿＿＿＿＿＿＿＿＿＿＿＿＿＿

(2) あなたにとって最も大切なことは何ですか。

＿＿＿＿＿＿＿＿＿＿＿＿＿＿＿＿

Unit 8 ～ Let's Read 3

Staging a Musical ～ Emojis ― From Japan to the World

テストに出る! ココが要点&チェック!

受け身の文・〈make＋人[もの]＋形容詞〉

教 p.107～p.111

1 受け身の文

→★(1)～(4)

ものや人が何かを「され(てい)る」と説明するときは，〈be 動詞＋動詞の過去分詞〉で表す。過去分詞には語尾(ごび)に(e)d を付ける規則動詞のものと，不規則に変化する不規則動詞のものがある。

現在形 It's still performed all over the world.　それはまだ世界中で上演されています。
→〈am[is, are]＋過去分詞〉「されている，される」

過去形 The songs were written by Rodgers and Hammerstein.
→ by ～(～によって)で動作をした人やものを示す
→〈was[were]＋過去分詞〉「されていた，された」

その歌曲はロジャーズとハマースタインによって書かれました。

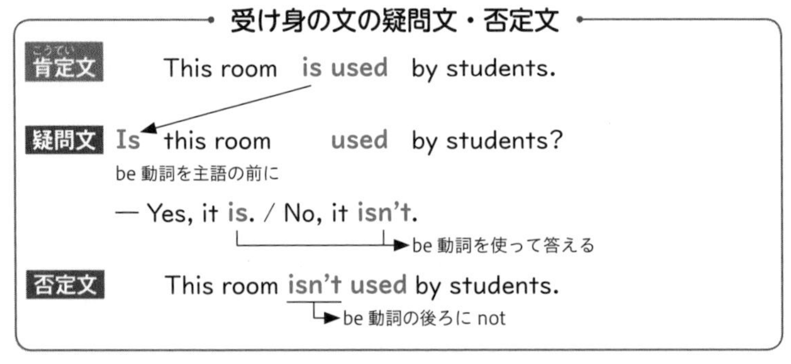

受け身の文の疑問文・否定文
肯定文(こうてい)　This room is used by students.
疑問文　Is this room used by students?
be 動詞を主語の前に
― Yes, it is. / No, it isn't.
→be 動詞を使って答える
否定文　This room isn't used by students.
→be 動詞の後ろに not

ふつうの文 ⇒ 受け身の文への書きかえ

ふつうの文　He wrote the story.　彼はその話を書きました。
目的語が受け身の文の主語になる
受け身の文　The story was written by him.　その話は彼によって書かれました。
〈by＋動作した人〉

主な不規則動詞

▶原形，過去形，過去分詞の形が全て異なる
write ― wrote ― written
speak ― spoke ― spoken

▶過去形と過去分詞の形が同じ
make ― made ― made
buy ― bought ― bought
build ― built ― built
find ― found ― found

▶原形，過去形，過去分詞の形が全て同じ
put ― put ― put
cut ― cut ― cut

2 〈make＋人[もの]＋形容詞〉

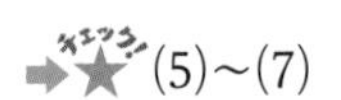
→★(5)～(7)

〈make＋人[もの]＋形容詞〉の形で「(人[もの])を～にする」という意味を表す。また，〈call＋人[もの]＋名詞〉の形で「(人[もの])を～とよぶ」という意味を表す。

The stage makes me nervous.　ステージは私を緊張させます。
→ me＝nervous という関係が成り立つ
(me：人　nervous：形容詞)

We call our cat Felix.　私たちは私たちのネコをフェリックスとよびます。
→ our cat＝Felix という関係が成り立つ
(our cat：もの　Felix：名詞)

〈want＋人＋不定詞〉

教 p.112～p.123

3 〈want＋人＋不定詞〉

➡チェック!★(8)～(10)

〈want＋人＋不定詞〉の形で「(人)に～してほしい」という意味を表す。
ask, tell なども同じ形で使うことができる。

She wants to do her best. 彼女は最善を尽くしたいと思っています。
└➡ want to ～「～したい」 「彼女が」→「最善を尽くす」

→不定詞〈to＋動詞の原形〉
She **wants** us **to do** our best. 彼女は私たちに最善を尽くしてほしいと思っています。
└➡〈want＋人＋不定詞〉 「私たちが」→「最善を尽くす」

〈tell[ask]＋人＋不定詞〉

▶〈tell＋人＋不定詞〉の形で「(人)に～するように言う」という意味を表す。

→不定詞〈to＋動詞の原形〉
My father **tells** me **to study** hard. 父は私に熱心に勉強するように言います。
〈tell＋人＋不定詞〉 「私が」→「熱心に勉強する」

I **told** him **to go** home early. 私は彼に早く家に帰るように言いました。
「彼が」→「早く家に帰る」

▶〈ask＋人＋不定詞〉の形で「(人)に～するよう頼む」という意味を表す。

→不定詞〈to＋動詞の原形〉
I **ask** my mother **to clean** my room. 私は母に私の部屋を掃除してくれるよう頼みます。
〈ask＋人＋不定詞〉 「母が」→「私の部屋を掃除する」

She **asked** me **to help** her. 彼女は私に彼女を手伝うよう頼みました。
「私が」→「彼女を手伝う」

☆チェック! ( )内に適する語を書きなさい。

1
- □ (1) My room is ( ) every day. 私の部屋は毎日掃除されます。
- □ (2) These computers are ( ) in many areas. これらのコンピュータはたくさんの地域で使われます。
- □ (3) These flowers were ( ) by that boy. これらの花はあの男の子によって買われました。
- □ (4) This doll ( ) made by Kumi. この人形はクミによって作られました。

2
- □ (5) Music always ( )( ) happy. 音楽はいつも私たちを幸せにします。
- □ (6) They ( )( ) John. 彼らは彼をジョンとよびます。
- □ (7) The story made ( )( ). その話は私を悲しくしました。

3
- □ (8) We ( )( ) read this book. 私たちはこの本が読みたいです。
- □ (9) We ( ) you ( ) read this book. 私たちはあなたにこの本を読んでほしいです。
- □ (10) He ( )( ) to come. 彼は私に来てほしいと思っています。

解答 p.21

テスト対策問題

リスニング

♪ a21

1 対話と質問を聞いて，その答えとして適するものを一つ選び，記号で答えなさい。

(1) ア It was open. イ It was closed.
ウ To study. (　　)

(2) ア Staying at home does. イ Seeing movies does.
ウ Reading books does. (　　)

2 (1)〜(6)は単語の意味を書きなさい。(7)〜(10)は日本語を英語にしなさい。

(1) convenient (　　) (2) conversation (　　)
(3) often (　　) (4) performance (　　)
(5) actually (　　) (6) difference (　　)
(7) 星 ＿＿＿＿ (8) 〜を意味する ＿＿＿＿
(9) 時計 ＿＿＿＿ (10) 孤独な ＿＿＿＿

2 重要単語
(1)名詞形は convenience。
(3)頻度（ひんど）を表す副詞。
(6)形容詞形は different。
(9)置き時計や柱時計などを表す語。

よく出る **3** 次の日本文にあうように，＿＿に適する語を書きなさい。

(1) 彼らはお互いを知っています。
They know ＿＿＿＿ ＿＿＿＿.

(2) いずれにせよ，それを試してみたほうがよいでしょう。
In ＿＿＿＿ ＿＿＿＿, you should try it.

(3) 私は野球とサッカーのどちらも好きです。
I like ＿＿＿＿ baseball ＿＿＿＿ soccer.

(4) 初めからもう一度歌ってください。
Sing it again ＿＿＿＿ the ＿＿＿＿.

(5) 彼は頭を左右に動かしました。
He moved his head from ＿＿＿＿ to ＿＿＿＿.

(6) 全力を尽（つ）くしましょう。
Let's ＿＿＿＿ it our ＿＿＿＿ shot!

3 重要表現
(2) anyway（いずれにせよ）もほぼ同じ意味を表す。

おぼえよう!
best を使った表現
・at one's best（最高の状態で）
・do one's best（最善を尽くす）
・give it one's best shot（全力を尽くす）

4 次の文の＿＿に，( )内の語を適する形にかえて書きなさい。

(1) Soccer is ＿＿＿＿ by a lot of children. (play)
(2) This picture was ＿＿＿＿ yesterday. (paint)
(3) My house was ＿＿＿＿ 20 years ago. (build)
ミス注意! (4) The book was ＿＿＿＿ by Dazai Osamu. (write)
ミス注意! (5) English is ＿＿＿＿ in many countries. (speak)

4 受け身の文

ポイント
受け身の意味と形
「されている，される」
→〈am[is, are]＋過去分詞〉
「されていた，された」
→〈was[were]＋過去分詞〉

p.57 答 (1) cleaned (2) used (3) bought (4) was (5) makes us (6) call him (7) me sad (8) want to (9) want, to (10) wants me

5 次の会話文を読んで，あとの問いに答えなさい。

Tina: Kota, Hajin, (①) you help us? We need more people.
Hajin: I'm an athlete. ② [don't / anything / I / acting / know / about / or] dancing. ③ Actually, the stage makes me nervous!
Eri: ④ (　　)(　　). We can practice together.

よく出る (1) ①の(　)に適する語を本文から1語で抜き出して書きなさい。

＿＿＿＿＿＿

(2) 下線部②が「私は演じることやダンスをすることについて何も知りません。」という意味になるように，[　]内の語を並べかえなさい。

＿＿＿＿＿＿＿＿＿＿＿＿＿＿＿＿＿＿＿ dancing.

(3) 下線部③の英文を日本語になおしなさい。
(　　　　　　　　　　　　　　　　　　　　　　　　)

(4) 下線部④が「心配しなくていいですよ。」という意味になるように，(　)に適する語を書きなさい。

＿＿＿＿＿＿ ＿＿＿＿＿＿.

5 本文の理解

(1)「～してくれませんか。」と依頼(いらい)する文。

(3)〈make＋人＋形容詞〉の文。

6 次の各組の文がほぼ同じ内容を表すように，＿＿に適する語を書きなさい。

(1) { I was sad when I read the book.
The book ＿＿＿＿＿＿ ＿＿＿＿＿＿ sad.

(2) { She is called Beth by her friends.
Her friends ＿＿＿＿＿＿ ＿＿＿＿＿＿ Beth.

6 〈make＋人[もの]＋形容詞〉

ミス注意！
make の意味
〈make＋人＋形容詞〉
→「(人)を～にする」
〈make＋人＋もの〉
→「(人)に(もの)を作る」

(2)〈call＋人＋名詞〉の語順にする。

7 次の日本文にあうように，＿＿に適する語を書きなさい。

(1) 私はあなたにもっと熱心に勉強してほしいです。
I want ＿＿＿＿＿＿ ＿＿＿＿＿＿ study harder.

ミス注意！ (2) 母は私に早く起きるように言いました。
My mother ＿＿＿＿＿＿ me ＿＿＿＿＿＿ get up early.

(3) 彼らはクミにチームに加わるよう頼みました。
They ＿＿＿＿＿＿ Kumi ＿＿＿＿＿＿ join the team.

7 〈want＋人＋不定詞〉
〈動詞＋人＋不定詞〉の語順で表す。

8 次の日本文を英語になおしなさい。

(1) その映画は彼女を有名にしました。

＿＿＿＿＿＿＿＿＿＿＿＿＿＿＿＿＿＿＿＿＿＿＿＿

(2) 私はあなたにそこへ行ってほしくありません。

＿＿＿＿＿＿＿＿＿＿＿＿＿＿＿＿＿＿＿＿＿＿＿＿

8 英作文
(1)「有名な」は famous。
(2) I don't want ～の文を作る。

 解答 p.22

テストに出る！

予想問題 Unit 8 ～ Let's Read 3 ①
Staging a Musical ～ Emojis ― From Japan to the World

30分 /100点

1 対話を聞いて，内容にあう絵を選び，記号で答えなさい。 ♪a22 〔4点〕

（　　）

2 次の日本文にあうように，＿＿に適する語を書きなさい。 4点×6〔24点〕

(1) 私はいつもあなたの味方です。
I'm always ＿＿＿＿＿ your ＿＿＿＿＿.

よく出る (2) 私はネコとイヌのどちらも好きです。
I like ＿＿＿＿＿ cats ＿＿＿＿＿ dogs.

(3) そのレストランに行きませんか。
＿＿＿＿＿ ＿＿＿＿＿ we go to the restaurant?

(4) 彼はせりふを忘れました。
He ＿＿＿＿＿ his ＿＿＿＿＿.

(5) それが私が試合に負けた理由です。
＿＿＿＿＿ ＿＿＿＿＿ I lost the match.

(6) 一方では，彼女はスポーツを見るのが好きです。他方では，スポーツをするのは好きではありません。
On ＿＿＿＿＿ hand, she likes watching sports. On the ＿＿＿＿＿ hand, she doesn't like playing sports.

3 次の各組の文がほぼ同じ内容を表すように，＿＿に適する語を書きなさい。 5点×5〔25点〕

(1) Mika cleans that room.
That room ＿＿＿＿＿ ＿＿＿＿＿ by Mika.

ミス注意！ (2) My brother used this camera.
This camera ＿＿＿＿＿ ＿＿＿＿＿ by my brother.

(3) I become sad when I see the movie.
Seeing the movie ＿＿＿＿＿ ＿＿＿＿＿ sad.

(4) We have a dog. Its name is Hana.
We ＿＿＿＿＿ our ＿＿＿＿＿ Hana.

(5) Can you go shopping with me?
I ＿＿＿＿＿ you ＿＿＿＿＿ go shopping with me.

4 次の会話文を読んで，あとの問いに答えなさい。 〔20点〕

Eri:	I want you to move your trumpet from side to side.
	① It's (　　　) a dance.
Kota:	② That's hard!
Tina:	Yes, it is. ③ But [look / on / it'll / stage / great].
Eri:	OK, ④ (　　　) the (　　　), everybody!
Kota:	Why is Eri so strict?
Hajin:	⑤ She just wants us to do our best.

(1) 下線部①が「それはダンスのようです。」という意味になるように，(　)に適する語を書きなさい。 〈4点〉

It's ________ a dance.

やや難 (2) 下線部②のThatの内容を日本語で説明しなさい。 〈4点〉

(　　　　　　　　　　　　　　　　　　　　　　)

(3) 下線部③が「しかし，それはステージの上ですばらしく見えるでしょう。」という意味になるように，〔　〕内の語を並べかえなさい。 〈4点〉

But ____.

(4) 下線部④が「初めから」という意味になるように，(　)に適する語を書きなさい。〈4点〉

________ the ________

(5) 下線部⑤を日本語になおしなさい。 〈4点〉

(　　　　　　　　　　　　　　　　　　　　　　)

5 〔　〕内の語句を並べかえて，日本文にあう英文を書きなさい。 5点×3〔15点〕

(1) その神社は100年前に建てられました。[years / shrine / built / the / was / 100 / ago].

____

(2) 彼らは私に動物園に一緒に行くよう頼みました。

They [to / to / go / me / asked / with / them / the zoo].

They ____.

(3) 私はあなたに今テレビを見てほしくありません。

[now / watch / want / don't / I / you / to / TV].

____

6 次の日本文を英語になおしなさい。 6点×2〔12点〕

(1) その本はマイク(Mike)によって書かれましたか。

____

(2) 私の祖母はそのネコをタマ(Tama)と呼びました。

____

解答 p.23

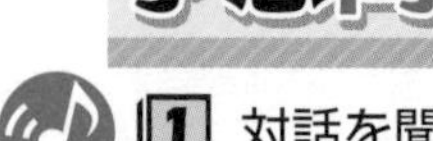

テストに出る！ 予想問題

Unit 8 ～ Let's Read 3 ②
Staging a Musical ～ Emojis — From Japan to the World

30分 /100点

1 対話を聞いて，内容にあう絵を選び，記号で答えなさい。 a23 〔4点〕

(　　　)

よく出る **2** 次の日本文にあうように，＿＿に適する語を書きなさい。 3点×5〔15点〕

(1) 私はあなたが持っているのと同じかばんを持っています。
I have the ＿＿＿＿＿ bag as you have.

(2) その本は世界中で読まれています。
The book ＿＿＿＿＿ ＿＿＿＿＿ all over the world.

(3) ところで，試験はどうでしたか。
＿＿＿＿＿ the ＿＿＿＿＿, how was the exam?

(4) この小説は実話をもとにしています。
This novel is ＿＿＿＿＿ ＿＿＿＿＿ a true story.

(5) ともかく，私たちはそこへ行く必要があります。
In ＿＿＿＿＿ ＿＿＿＿＿, we have to go there.

3 次の文の＿＿に，(　)内の語を適する形にかえて書きなさい。ただし，１語とは限らない。 3点×4〔12点〕

(1) This castle was ＿＿＿＿＿ many years ago. (build)

(2) These novels are ＿＿＿＿＿ in English. (write)

(3) I want you ＿＿＿＿＿ our club. (join)

(4) They asked me ＿＿＿＿＿ them. (help)

4 次の各組の文がほぼ同じ内容を表すように，＿＿に適する語を書きなさい。 4点×4〔16点〕

(1) Many tourists visit this island.
This island ＿＿＿＿＿ ＿＿＿＿＿ by many tourists.

ミス注意！ (2) Did Kenta paint these pictures?
＿＿＿＿＿ these pictures ＿＿＿＿＿ by Kenta?

ミス注意！ (3) Children don't like this food.
This food ＿＿＿＿＿ ＿＿＿＿＿ by children.

(4) He was happy when he played tennis.
Playing tennis ＿＿＿＿＿ ＿＿＿＿＿ happy.

5 次の英文を読んで，あとの問いに答えなさい。 〔26点〕

Emojis（ ① ）born in Japan, but now ②［are / in / people / the world / by / around / they / used］different ways. There（ ③ ）a lot of languages and cultures in the world, and ④we sometimes misunderstand（ ）（ ）. ⑤We should be careful when we choose our words. We should be careful when we choose our（ ⑥ ）, too!

(1) ①，③の（ ）に適する語を，ア～エからそれぞれ選び，記号で答えなさい。 〈各4点〉

ア is　イ was　ウ are　エ were　①（ ）③（ ）

よく出る (2) 下線部②が「それらはいろいろな方法で世界のあちこちの人々によって使われています」という意味になるように，［ ］内の語句を並べかえなさい。 〈5点〉

＿＿＿＿＿＿＿＿ different ways

(3) 下線部④が「私たちはときにはお互いを誤解します」という意味になるように，（ ）に適する語を書きなさい。 〈4点〉

we sometimes misunderstand ＿＿＿＿ ＿＿＿＿

(4) 下線部⑤の英文を日本語になおしなさい。 〈5点〉

（ ）

(5) ⑥の（ ）内に適する語を本文中の1語で書きなさい。 〈4点〉

＿＿＿＿

6 ［ ］内の語を並べかえて，日本文にあう英文を書きなさい。 4点×3〔12点〕

(1) あなたの国では何語が話されていますか。
［language / in / is / country / what / your / spoken］?

＿＿＿＿＿＿＿＿

(2) 私たちはその鳥を日本語でハトとよびます。
［bird / Japanese / *hato* / call / in / we / the］.

＿＿＿＿＿＿＿＿

(3) あなたは私にここにいてほしいですか。［here / you / want / stay / do / me / to］?

＿＿＿＿＿＿＿＿

7 次の日本文を英語になおしなさい。 5点×3〔15点〕

(1) 私の車は昨年，日本で作られました。

＿＿＿＿＿＿＿＿

ミス注意！ (2) 彼の話はいつも彼女を驚かせます。

＿＿＿＿＿＿＿＿

やや難 (3) タナカ先生(Ms. Tanaka)は私たちに静かにするように言いました。

＿＿＿＿＿＿＿＿

動詞の形の変化をおさえましょう。

※[　]は発音記号です。

★A・B・C型

原形	現在形	過去形	過去分詞	意味
be	am, is / are	was / were	been [bín]	～である
begin	begin(s)	began	begun	始める
do	do, does	did	done	する
drink	drink(s)	drank	drunk	飲む
eat	eat(s)	ate	eaten	食べる
give	give(s)	gave	given	与える
go	go(es)	went	gone	行く
know	know(s)	knew	known	知っている
see	see(s)	saw	seen	見る
sing	sing(s)	sang	sung	歌う
speak	speak(s)	spoke	spoken	話す
swim	swim(s)	swam	swum	泳ぐ
take	take(s)	took	taken	持っていく
write	write(s)	wrote	written	書く

★A・B・B型

原形	現在形	過去形	過去分詞	意味
bring	bring(s)	brought	brought	持ってくる
build	build(s)	built	built	建てる
buy	buy(s)	bought	bought	買う
feel	feel(s)	felt	felt	感じる
find	find(s)	found	found	見つける
get	get(s)	got	got, gotten	得る
have	have, has	had	had	持っている
hear	hear(s)	heard	heard	聞く
keep	keep(s)	kept	kept	保つ
make	make(s)	made	made	作る
say	say(s)	said [sed]	said [sed]	言う
stand	stand(s)	stood	stood	立っている
teach	teach(es)	taught	taught	教える
think	think(s)	thought	thought	思う

★A・B・A型

原形	現在形	過去形	過去分詞	意味
become	become(s)	became	become	～になる
come	come(s)	came	come	来る
run	run(s)	ran	run	走る

★A・A・A型

原形	現在形	過去形	過去分詞	意味
hurt	hurt(s)	hurt	hurt	傷つける
read	read(s)	read [red]	read [red]	読む
set	set(s)	set	set	準備する

中間・期末の攻略本

解答と解説

取りはずして使えます！

光村図書版 Here We Go! 英語2年

Unit 1

p.4～p.5 テスト対策問題

1 (1)ウ (2)イ

2 (1)明るく日の照る，晴れた
(2)怒った，腹を立てた (3)すばらしい
(4)不安で，緊張して (5)曇った
(6)(テレビ・ラジオの)番組 (7)coach
(8)gift[present] (9)order (10)view

3 (1)no see (2)ask, for (3)talk with[to]
(4)see (5)come by (6)Isn't

4 (1)were (2)rode (3)ate (4)visited
(5)saw

5 (1)There you are! (2)was looking for
(3)あなたはここで何をしていたのですか。
(4)easy

6 (1)was singing (2)were cooking
(3)wasn't watching

7 (1)didn't take (2)What did, buy

8 (1)I read a book three days ago.
(2)When Ken came to my house, I was sleeping. [I was sleeping when Ken came to my house.]

解説

1 (1)ケンタがしたことを答えるので，正解はウ。アのサッカーについては「しなかった」と言っている。

A：Kenta, did you play soccer yesterday?
B：No, I didn't. I practiced baseball yesterday.
Q：What did Kenta do yesterday?

訳 A：ケンタ，あなたは昨日サッカーをしましたか。
B：いいえ，しませんでした。ぼくは昨日は，野球の練習をしました。
質問：ケンタは昨日，何をしましたか。

(2)ルーシーの姉[妹]がカレーを作っているとき，ルーシーは部屋で音楽を聞いていたという状況をつかむことがポイント。

A：Ryota, I ate curry for dinner last night.
B：Did you make it, Lucy?
A：No, I didn't. My sister made it. I was listening to music in my room then.
Q：What was Lucy doing in her room last night?

訳 A：リョウタ，私は昨夜夕食にカレーを食べました。
B：あなたが作ったのですか，ルーシー。
A：いいえ，私は作りませんでした。姉[妹]がそれを作りました。私はそのとき，部屋で音楽を聞いていました。
質問：ルーシーは昨夜，部屋で何をしていましたか。

3 (2)**ask ～ for ...**で「～(人)に…を頼(たの)む」。
(3)会話として「話す」ときはtalkが一般的。speakは一方的に話すイメージで使われることが多い。
(6)**Isn't it ～?**は**「～じゃないですか，～ですよね」**などという意味で，相手に同意を求めるときに使われる。

4 (1)yesterday(昨日)は過去を表す語。areはwereに。「私たちは昨日，とても疲れていました」
(2)last weekは過去を表すので，動詞は過去形にする。rideは不規則動詞で，過去形は**rode**。「マイクは先週，ジェットコースターに乗りました」
(3)last monthは過去を表すので，動詞は過去

形にする。eat は不規則動詞。過去形は **ate**。「私は先月，ピザを食べました」

(4) last year は過去を表す語句。動詞は過去形にする。visit は規則動詞なので **ed を付ける**。「有名な音楽家が昨年，日本を訪れました」

(5) last Sunday は過去を表す語句。動詞は過去形に。see は不規則動詞で，過去形は **saw**。「私はこの前の日曜日に2匹(ひき)のネコを見ました」

5 (2)**過去進行形〈was[were]＋動詞の -ing 形〉**で表す。**「〜を探す」**は **look for 〜**。

(4) **ミス注意!** 下線部④は「漢字は本当に難しいです」という意味。not を使って「漢字はハジンにとって簡単ではありません」という文にする。**「簡単な」**は **easy**。**hard** には形容詞で**「難しい，困難な」「(物が)かたい」**，副詞で**「熱心に」**という意味がある。

6 (1)(2)**「〜していました」**は**過去進行形〈was[were]＋動詞の -ing 形〉**で表す。

(3)**「〜していませんでした」**は**過去進行形の否定文〈was[were] not＋動詞の -ing 形〉**。

7 (1)一般動詞の過去の否定文は**〈主語＋did not[didn't]＋動詞の原形 〜.〉**で表す。**took の原形は take**。

(2)「彼女は昨日，帽子を買いました」という意味なので「彼女は昨日，何を買いましたか」という意味の文にする。「〜は何を…しましたか」は**〈What did＋主語＋動詞の原形 ...?〉**で表す。**bought の原形は buy**。

8 (1)**「〜日前」**は**〜 day(s) ago**。ago(〜前に)は期間を表す語句を前に置く。read は不規則動詞。過去形でも形が変わらない。**過去形 read** は[réd]と発音することに注意。

(2)「ケンが私の家に来たとき」を**〈when＋主語＋動詞 〜〉**の形で表す。when 〜(〜のとき)のまとまりは，文の前半に置いても後半に置いてもよい。「私は眠っていました」は過去進行形で表す。

ポイント

- 過去のことについて言うときは動詞を過去形にする。

p.6〜p.7 予想問題

1 ウ

2 (1)**listening** (2)**were** (3)**talked** (4)**made**

3 (1)**keeps, diary** (2)**How was** (3)**What, honor** (4)**in the evening** (5)**It was**

4 (1)**were / was** (2)**was, doing** (3)**did / studied**

5 (1)**was, exciting** (2)**When we were looking for** (3)**saw** (4)**Tina and Nick** (5)**He went to a movie.**

6 (1)**Aki didn't have breakfast this** (2)**My sister was writing a letter when I got up.** (3)**I ordered the gift by myself three weeks**

7 (1)**I was interested in the book.** (2)**When I went shopping, I bought a new bag. [I bought a new bag when I went shopping.]** (3)**When did Nancy come to Japan?**

解説

1 マサシが公園でイヌと遊んでいる絵を選ぶ。

A：Where was Masashi yesterday?
B：He was in the park.
A：What was he doing there?
B：He was playing with his dog.

訳 A：マサシは昨日，どこにいましたか。
B：彼は公園にいました。
A：彼はそこで何をしていましたか。
B：イヌと遊んでいました。

2 (1)空所の前に was，文末に then(そのとき)があるので過去進行形の文。listen に ing を付ける。「私はそのとき，ラジオを聞いていました」

(2) yesterday(昨日)は過去を表す語。動詞は過去形にする。are の過去形は were。「あなたは昨日，怒っていました」

(3) last week(先週)も過去を表す語句。talk は規則動詞なので ed を付けて talked とする。「彼は先週，友達と話しました」

(4) yesterday があるので過去形にする。make は不規則動詞で過去形は made。「彼女は昨日，ケーキを作りました」

3 (1)「日記をつける」は keep a diary。主語が3人称(にんしょう)単数なので，s を忘れずに付ける。

(2)**「どうでしたか」**と経験したことなどの印象を聞くときは疑問詞 **how** を使う。

(3)**What (a/an) ～!** は**「なんて～なんだ」**。

4 (1) last Sunday(この前の日曜日)があるので，空所には過去を表す動詞を入れる。**be 動詞**には**「(～に)いる」**の意味がある。「あなたはこの前の日曜日，どこにいましたか」―「私は名古屋にいました」

(2)答えの文が was cooking と過去進行形になっているので，過去進行形の疑問文にする。過去進行形の疑問文は was[were] を主語の前に置く。「あなたが訪問したとき，マイクは何をしていましたか」―「彼は料理をしていました」

(3) **ミス注意!** last night(昨夜)があるので過去の疑問文。「～は何を…しましたか」という疑問文は**〈What did＋主語＋動詞の原形 …?〉**で表す。答えの文では study を過去形にして入れる。**study の過去形は y を i にかえて ed** を付けるので注意。「あなたは昨夜，何を勉強しましたか」―「私は数学と英語を勉強しました」

5 (1) It はコウタとハジンが見た映画を指しているので，**「(映画は)わくわくさせるものでした」**という意味。「(ものが)わくわくさせる」は **exciting** を使う。**「(人が)わくわくして」**は **excited**。

(2)**「～を探す」**は **look for ～**。

(3)「～していたとき…だった」という文の中なので see は過去形 **saw** にする。

(5)「コウタは今日の午後，何をしましたか」という意味。本文1文目より，「映画に行った」ことがわかる。

6 (2) **ミス注意!** **「～のとき」**を**〈when＋主語＋動詞 ～〉**の形で表す。コンマ(,)が与えられていないので when ～のまとまりは文の後半に置く。「手紙を書いていました」は**過去進行形〈was[were]＋動詞の -ing 形〉**で表す。

(3)**「自分で」**は **by oneself**。**「3週間前」**は **three weeks ago**。

7 (1)**「～に興味をもっている」**は **be interested in ～**。過去の文なので be 動詞は過去形を使う。

(2)「買い物に行ったとき」を**〈when＋主語＋動詞 ～〉**の形で表す。**「買い物に行く」**は **go shopping**，buy(買う)の過去形は **bought**。

(3)**「いつ～しましたか」**という過去の疑問文は**〈When did＋主語＋動詞の原形 ～?〉**で表す。

Unit 2 ～ Daily Life Scene 1

p.10 ～ p.11 テスト対策問題

1 (1)イ (2)ア

2 (1)簡単な，容易な (2)科学者
(3)仕事，作業 (4)難しい，困難な (5)城
(6)警察 (7)**important** (8)**thing** (9)**stop**
(10)**doctor**

3 (1)**Congratulations** (2)**Thanks**
(3)**proud of** (4)**Do，best** (5)**Try，get**
(6)**kind of**

4 (1)**Talking** (2)**watching** (3)**Riding**
(4)**listening** (5)**playing**

5 (1)**I don't like playing basketball.**
(2)**passing** (3)**problem**
(4)**初心者にとって，ボールをパスすることは簡単ではありません。**

6 (1)**to play** (2)**to buy** (3)**to study**

7 (1)**May I** (2)**This，speaking**

8 (1)**I think (that) Japanese is difficult[hard].**
(2)**I'm sure (that) Lisa is kind.**

解説

1 (1)ユミの趣味(しゅみ)を聞いているので，正解は**イ**。

A：My hobby is reading books. How about you, Yumi?
B：My hobby is playing tennis.
Q：What is Yumi's hobby?

訳 A：私の趣味は本を読むことです。あなたはどうですか，ユミ。
B：私の趣味は，テニスをすることです。
質問：ユミの趣味は何ですか。

(2)「海で泳ぎたい」と言っているので，正解は**ア**。

A：Ken, what do you want to do during summer vacation?
B：I want to swim in the sea. Can you come with me?
Q：What does Ken want to do during

summer vacation?

訳 A：ケン，あなたは夏休みの間に何をしたいですか。

B：ぼくは海で泳ぎたいです。ぼくと一緒に来てくれませんか。

質問：ケンは夏休みの間に何をしたいですか。

3 (1)ふつう複数形で使われる。

(2)**「〜のおかげで」**は **thanks to 〜**。

(3)**「〜を誇りにしている[思う]」**は，**be proud of 〜**。

(4)**「最善を尽くす」**は，**do one's best**。

(5)**「〜しようと努力する」**は，**〈try to＋動詞の原形〉**で表す。

(6)**「どんな種類の〜ですか」**は **What kind of 〜?** でたずねる。この kind は名詞で「種類」という意味。

4 全て動名詞にかえる。(1)(2)(4)(5)は動詞の後ろに ing を付ければよい。

(1)「友達と話すことは，重要です」

(2)「アキはテレビを見ることが好きです」

(3) ミス注意! ride は e で終わる動詞なので，**e をとって ing** を付ける。「ジェットコースターに乗ることは，わくわくします」

(4)「エマの趣味(しゅみ)は，ラジオを聞くことです」

(5) in は前置詞。**前置詞の後にくる動詞は動名詞**になる。「私はギターを演奏することに興味があります」

5 (1)「私は〜が好きではありません」は I don't like 〜で表す。like の後に playing basketball「バスケットボールをすること」を続ける。

(2)前に前置詞 at があるので動名詞にする。

(4) For beginners の for は「(人)にとっては」という意味。

6 (1) **like は動名詞も不定詞も**目的語にとる動詞。ここでは空所の数から不定詞を使う。

(2) **want は不定詞だけ**を目的語にとる動詞なので，to buy を入れる。

(3)「勉強すること」は文の補語になっている。不定詞も動名詞も補語になるが，ここでは空所の数から不定詞を使う。

7 (1)電話をかけたときの言い方。May I 〜? は「〜してもよいですか」と許可を求める表現。

(2)電話に出て自分の名前を名のるときの言い方。

8 (1)**「私は〜だと思う」**は**〈I think (that) ＋主語＋動詞 〜.〉**で表す。

(2)**「きっと〜だ」**は**〈I'm sure (that) ＋主語＋動詞 〜.〉**で表す。

ポイント

- 「〜すること」は動名詞または〈to＋動詞の原形〉で表すことができる。

p.12〜p.13 予想問題 ❶

1 イ

2 (1)**reading[to read]** (2)**to use** (3)**singing** (4)**to have**

3 (1)**What's wrong[up]** (2)**proud of** (3)**at baking** (4)**Can you** (5)**Sure**

4 (1)**May I / This is** (2)**kind of** (3)**What time**

5 (1)**more points** (2)**to shoot**
(3)**重要なことはハジンにボールをパスすることです。**
(4)**to pass the ball to Hajin**
(5)**They're trying to stop**

6 (1)**I'm interested in painting pictures.**
(2)**I'm sure he studied hard for**
(3)**know that the girl is Miki's sister**

7 (1)**They like playing[to play] tennis.**
(2)**My hobby is listening to music.**
(3)**I think (that) you are right.**

解説

1 将来なりたい職業は scientist(科学者)と答えている。

A：Yuta, what do you want to be in the future?

B：I want to be a scientist. I want to help people.

Q：What does Yuta want to be in the future?

訳 A：ユウタ，あなたは将来何になりたいですか。

B：ぼくは科学者になりたいです。人々を助けたいです。

質問：ユウタは将来，何になりたいですか。

2 (1) like は動名詞も不定詞も目的語にとる。ここでは，どちらの形でもよい。「彼女は本を読むことが好きです」

(2) want は不定詞だけを目的語にとる。「私はあなたのコンピュータを使いたいです」

(3) ミス注意! **enjoy** は**動名詞だけ**を目的語にとる。「私たちはたくさんの歌を歌って楽しみました」

(4) **wish** は**不定詞だけ**を目的語にとる。「あなたはイヌを飼いたいと思っていますか」

3 (1)具合が悪そうな相手に**「どうかしたのですか」**とたずねるときは **What's wrong?** を使う。wrong には「誤っている，間違った」という意味のほかに「具合が悪い，正常でない」という意味がある。

(3) **「〜が上手だ」**は **be good at 〜**。at は前置詞なので後にくる動詞は動名詞の形。「(パン)を焼く」は bake。e をとって ing を付ける。

(4) **Can you 〜?** で**「〜してくれませんか」**という依頼(いらい)を表す表現。

(5) Can you 〜? に対して「もちろん」と答えるときは，**Sure.** を使う。

4 (1)電話で**「〜さんに代わっていただけますか」**は **May I speak to 〜, please?** と言う。自分の名前を名のるときは **This is 〜 speaking.(こちらは〜です)** と言う。「ボブさんに代わっていただけますか」—「こちらはボブです」

(2) **What kind of 〜?** で**「どんな種類の[どのような]〜ですか」**。「あなたはどんな種類のスポーツが好きですか」—「私はサッカーが好きです」

(3) at ten o'clock と時刻を答えているので，時刻をたずねる疑問文を作る。**What time 〜?** で**「何時に〜？」**。「あなたは何時に会いたいですか」—「私は 10 時に会いたいです」

5 (1) **「さらに多くの」**は **more** で表す。point は複数形にすること。

(2) want は不定詞だけを目的語にとる。

(3) to pass the ball to Hajin で「ハジンにボールをパスすること」という意味。この部分が文の補語になっている。主語は The important thing。

(4)下線部を含む文は「それは簡単ではありません」という意味。エリは直前のティナの発言を受けて「ハジンにボールをパスすること(=to pass the ball to Hajin)は簡単ではありません」と言っている。

(5) **try to 〜**で**「〜しようと試みる[努力する]」**という意味。

6 (1) **「〜に興味[関心]をもっている」**は **be interested in 〜**。前置詞 in の後は動名詞にする。**paint** は**「〜を絵の具で描く」**という意味。

(2) ミス注意! **「きっと〜だ」**は**〈I'm sure (that)＋主語＋動詞 〜.〉**で表す。ここでは that は省略されている。

(3) **「私は〜ということを知っている」**は**〈I know (that)＋主語＋動詞 〜.〉**で表す。know も〈that＋主語＋動詞〉の形を後ろにとることができる。

7 (1) like は動名詞も不定詞も目的語にとる。「テニスをすること」は playing[to play] tennis。

(2)「私の趣味(しゅみ)は〜することです」は My hobby is 〜. で表す。「趣味」はふつう動名詞で表す。

(3)「私は〜だと思う」は I think (that) 〜. で表す。「正しい」は right。

p.14〜p.15 予想問題 ❷

1 ウ

2 (1)**to talk** (2)**playing** (3)**to go** (4)**studying**

3 (1)**Don't worry** (2)**worked** (3)**did, best** (4)**No problem** (5)**Try to**

4 (1)**Playing** (2)**to sing** (3)**difficult[hard]**

5 (1)**I think**
(2)**I'm sure you like playing basketball**
(3)**イ** (4)**a great job**
(5)**私たちは，あなたたちみんなをとても誇りにしています。**

6 (1)**Do you want to go on a trip?**
(2)**Kumi enjoyed talking with her friends.**
(3)**May I speak to Mari, please?**

7 (1)**What kind of food do you like?**
(2)**I know (that) John can swim well.**

解説

1 「冬」を最もよい季節と思うかと聞かれたアキコは，No.(いいえ)と答えた後で「秋」が最もよい季節だと思うと答えている。

A：Akiko, do you think winter is the best

season?

B：No. I think fall is the best season.

Q：What is Akiko's favorite season?

訳 A：アキコ，あなたは，冬が最もよい季節だと思いますか。

B：いいえ。私は，秋が最もよい季節だと思います。

質問：アキコのお気に入りの季節は何ですか。

2 (1) **hope** は**不定詞だけ**を目的語にとる。「私たちはあなたと話すことを望んでいます」

(2) ミス注意! **practice** は**動名詞だけ**を目的語にとる。「あなたはピアノを演奏することを練習しますか」

(3)この wish は名詞で「願い」。「私の願いはフランスへ行くことです」

(4)**前置詞 in の後**にくるのは**動名詞**。「私は科学を勉強することに興味があります」

3 (2) work には「働く」という意味のほかに「(うまく)いく」という意味もある。

(3) **「最善を尽くす」**は **do one's best**。過去の文なので，do を過去形の did にする。

(4) problem は「問題，課題」。

(5) **try to ～**で**「～しようと試みる[努力する]」**。

4 (1)動名詞も不定詞も文の主語になることができる。「スポーツをすることは楽しいです。」

(2) like は動名詞も不定詞も目的語にとる。「私は人気のある歌を歌うことが好きです。」

(3) ミス注意! isn't easy(簡単ではない)は is difficult[hard](難しい)に書きかえられる。「数学は私にとって簡単ではありません。」→「数学は私にとって難しいです。」

5 (1) **「私は～だと思う」**は **I think (that) ～.**。空所の数から that は省略する。この did は「する」という意味の do の過去形。

(2) **「きっと～だ」**は **I'm sure (that) ～.**。that は省略されている。

(3) thanks to ～で「～のおかげで」。

(4) 1 行目に did a great job とあることに注目する。

(5) **be proud of ～**は**「～を誇りにしている」**。

6 (1) want to ～(～したい)の疑問文。**go on a trip** で**「旅行に出かける」**。

(2)**〈enjoy＋動名詞〉**の文。

(3)電話での表現。May I ～? に please を付けるとていねいな言い方になる。please の前にはコンマが必要。

7 (1)「どんな種類の～ですか」は What kind of ～? を使う。「食べ物」は food。

(2) I know (that) ～. の文。「～できる」は〈can＋動詞の原形〉を使う。

Unit 3

p.18～p.19 テスト対策問題

1 (1)**イ** (2)**ア**

2 (1)**今夜，今晩** (2)**天気，天候** (3)**雲** (4)**風** (5)**～を(無料で)借りる** (6)**情報** (7)**finish** (8)**forget** (9)**laugh** (10)**believe**

3 (1)**See，soon[later]** (2)**Are，kidding** (3)**took，to** (4)**after tomorrow** (5)**like to** (6)**Why don't**

4 (1)**going to** (2)**aren't going**

5 (1)**If you're tired, we can drive** (2)**on，way** (3)**very[so，really]** (4)**1. No, he's not[he isn't].**
2. They will go for a pizza.

6 (1)**will arrive** (2)**won't be** (3)**Will, go**

7 (1)**I am[I'm] going to stay with my grandfather[stay at my grandfather's house] next week.**
(2)**It will[It'll] be snowy tomorrow.**
(3)**If you need help, I will[I'll] stay here. [I will[I'll] stay here if you need help.]**

解説

1 (1)タクヤは「家で勉強するつもりだ」と答えているので，正解は**イ**。対話の流れから「祖父母に会うつもりはない」とわかる。

A：Takuya, are you going to see your grandparents this weekend?

B：No, I'm not. I'm going to study at home this weekend.

Q：What is Takuya going to do this weekend?

訳 A：タクヤ，あなたは今週末，祖父母に会うつもりですか。

B：いいえ，そのつもりはありません。ぼくは今週末，家で勉強するつもりです。
質問：タクヤは今週末，何をするつもりですか。

(2)アミは明日ピアノの練習をしようと思っているので，正解は**ア**。**イ**の「友達の家を訪ねる」については，「来週なら行ける」と言っている。

A：Ami, will you come to my house tomorrow?
B：Sorry, but I can't. I'll practice the piano tomorrow. I can visit your house next week.
Q：What will Ami do tomorrow?

訳 A：アミ，あなたは明日，私の家に来ますか。
B：ごめんなさい，行けないです。私は明日，ピアノの練習をしようと思っています。来週ならあなたの家を訪れることができます。
質問：アミは明日，何をするでしょうか。

3 (2)kid は「冗談を言う，からかう」という意味。直訳すると，「あなたは(私を)からかっているのですか」となる現在進行形の疑問文。
(3)**「～を…に連れていく」**は**take ～ to …**。
(4)**「明後日」**は**the day after tomorrow**。
(5)**「～したいです」**は**I'd like to ～**で表す。I want to ～よりていねいな言い方。
(6)**Why don't you ～?** は直訳すると「なぜあなたは～しないのですか」となるが，**「～したらどうですか」**という提案の意味で使う。

4 (1) ミス注意! **next year**(来年)は未来を表す語句なので，**be going to** か **will** のどちらかを使う。She's は She is の短縮形なので，be going to を使えばよいことがわかる。「彼女は来年，ニューヨークで演劇を勉強するつもりです」
(2)tomorrow(明日)も未来を表す語。空所の後が to play となっているので，be going to を使えばよい。空所の数から，主語に合わせて are not の短縮形 aren't を使う。「彼らは明日，テニスをするつもりはありません」

5 (1)**「もし～なら」**は**〈if＋主語＋動詞〉**で表す。ここでは if ～のまとまりが文の前半にくる。drive straight home は「まっすぐ車で家に帰る」。
(2)**on the way home** で**「家に帰る途中で」**。
(3)**starving** は**「非常に空腹な」**という意味なので，「とてもおなかがすいている」となるように，hungry の前に very, so, really など hungry を強調する表現を入れる。
(4)1.「コウタは疲れていますか」という質問。コウタは最初の発言で I'm fine(元気です)と言っている。2.「彼らは何をするつもりですか」という質問。「もし，おなかがすいていたら，ピザを買いに行けますよ」というティナの発言に，コウタは「おなかがペコペコです」と答えていることからわかる。**go for ～**は**「～を買いに行く」**という意味。

6 いずれも未来を表す文。空所の数からここでは**〈will＋動詞の原形〉**で表す。will は助動詞なので，主語が何であっても形は変わらない。
(1)**「到着する」**は**arrive**。
(2) ミス注意! It is rainy.(雨が降っています)を未来の否定文にする。is の原形は be。It will not be rainy. となるが空所の数から，will not の**短縮形 won't** を使う。
(3)疑問文は，will を主語の前に出す。

7 (1)**「～の家に泊まる[滞在する]」**は**〈stay with＋人〉**で表す。
(2)It is snowy.(雪が降っています)を，will を使って未来の文にする。is の原形は be。
(3)**if ～(もし～なら)**のまとまりは，文の前半に置いても後半に置いてもよい。**前半に置くときはコンマ(,)**が必要。

ポイント
- 未来の内容は，〈be going to＋動詞の原形〉または〈will＋動詞の原形〉で表す。

p.20～p.21 予想問題

1 エ
2 (1)**ready for** (2)**have, picnic** (3)**forward, seeing** (4)**Why don't** (5)**say hi**
3 (1)**Are, going** (2)**Will / won't** (3)**Who is / is**
4 (1)**He'll** (2)**It'll be** (3)**I'm not**
5 (1)**packing** (2)**borrow, from** (3)**もしあなたが時間があるなら，私を衣料**

品店に連れていってください

(4)My flight will arrive at the airport at

(5)ティナの祖父母，として，持っていくつもりです

6 (1)If you are busy, I will help

(2)Stay with me if you visit

7 (1)What are you going to do tomorrow? [What will you do tomorrow?]

(2)We'll[We will] swim in the sea this weekend. [We're[We are] going to swim in the sea this weekend.]

(3)I'd[I would] like to use this chair.

解説

1 ショウタの答えから雨の日に，映画館に行こうとしている絵を選ぶ。

A：Shota, will you go to the library if it's rainy tomorrow?

B：No, I won't. I'll go to a movie if it's rainy.

訳 A：ショウタ，明日雨ならあなたは図書館へ行きますか。

B：いいえ，行かないです。雨なら，ぼくは映画に行くつもりです。

2 (1)**「～の準備[用意]ができている」**は**be ready for ～**。

(2)**「ピクニックをする」**は**have a picnic**。

(3)**「～を楽しみに待つ」**は**look forward to ～**。to は前置詞なので，後に動詞がくるときは**動名詞**の形にする。

(4)「～したらどうですか」は Why don't you ～?。

(5)**say hi to ～**で**「～によろしくと言う」**。

3 (1)tomorrow(明日)は未来を表す語。空所の数から，be going to を使う。疑問文は be 動詞を主語の前に出す。「あなたは明日，放課後にテニスをするつもりですか」―「はい，そのつもりです」

(2)tomorrow morning(明日の朝)があるので，未来の文。空所が1つしかないので，will を使う。答えるときは will not の短縮形 won't を使う。「あなたは明日の朝，テニスの練習をしますか」―「いいえ，しません」

(3)空所の後に going があるので，be going to の疑問文にする。答えの文が主語の「人」を答えているので，who を使って「誰(だれ)が～」とたずねる。who は3人称(にんしょう)単数扱いなので，be 動詞は is を使う。「誰が駅であなたのいとこに会う予定ですか」―「私の兄[弟]です」

4 (1)**someday(いつか)**は未来を表す語。He will の短縮形 He'll を使う。

(2)**天気や寒暖を表す文の主語**は**it**を使う。未来の文なので It will be rainy. となるが，空所の数から It will の短縮形 It'll を使う。

(3) **ミス注意!** 空所の後に going があるので，be going to の文だとわかる。空所の数から I am not の短縮形 **I'm not** を使う。

5 (1)**finish は動名詞だけを目的語にとる**動詞。

(2)**「～を(無料で)…から借りる」**は**borrow ～ from …**。

(3)**if(もし～なら)**の文。**take ～ to …** で**「～(人)を…に連れていく」**。have time は「時間がある」。

(4)arrive at ～で「～に到着する」。〈at+時刻〉で「～時に」。

(5)本文最終行の内容を日本語で表す。as は「～として」，grandparents は「祖父母」。

6 「もし～なら」なので**〈if+主語+動詞〉**の文にする。

(1)コンマ(,)が与えられているので，if のまとまりを文の前半に置く。

(2) **ミス注意!** コンマは与えられていないので，if のまとまりは文の後半に置く。if ～の中では**未来のことも現在形で表す**ことに注意。

7 (1)「明日」のことをたずねる文なので，未来を表す表現の be going to ～か will を使って表す。「何を」は what で表し，what の後は疑問文の語順。「する」は do を使う。

(2)「今週末」のことを表す文なので，この問題も未来を表す表現の be going to ～か will を使う。「泳ぐ」は swim,「海で」は in the sea,「今週末」は this weekend。

(3)「～したいです」を like を使って，I'd[I would] like to ～の形で表す。

Let's Read 1 ~ Daily Life Scene 3

p.23 テスト対策問題

1 (1)ウ (2)イ

2 (1)～を見つける，発見する
(2)起こる，生じる (3)娘 (4)心，感情
(5)ついに，ようやく (6)外に[へ・で]
(7)**large** (8)**town** (9)**dream** (10)**hair**

3 (1)**takes care** (2)**grew up** (3)**fell off**
(4)**take, in** (5)**rode[got] on** (6)**kept on**

4 (1)**Shall I make[cook] dinner?**
(2)**Would you like (some) toppings?**
(3)**Tomatoes and onions, please.**

解説

1 (1)ジュンはのどがかわいていないので，正解はウ。

A：Jun, shall I bring a drink to you?
B：No, thank you. I'm not thirsty.
Q：Is Jun thirsty?

訳 A：ジュン，あなたに飲み物を持ってきましょうか。
B：いいえ，けっこうです。ぼくはのどがかわいていません。
質問：ジュンはのどがかわいていますか。

(2)モエはアイスクリームと紅茶を頼んでいるので，正解は**イ**。

A：Moe, would you like some sweets and a drink?
B：Oh, yes. Ice cream and tea, please.
Q：What does Moe want?

訳 A：モエ，甘いお菓子か飲み物はいかがですか。
B：そうですね。アイスクリームと紅茶をお願いします。
質問：モエは何が欲しいですか。

3 (1) ミス注意! 「～の世話をする」は**take care of ～**。主語 she は3人称単数なので，take**s** とする。
(2)「成長する，大人になる」は**grow up**。**grow** は不規則動詞で過去形は**grew**。
(3)「～から落ちる」は**fall off ～**。**fall** は不規則動詞で過去形は**fell**。
(4)「～に参加する」は**take part in ～**。
(5)「～に乗る」は**ride[get] on ～**。**ride** の過去形は**rode**。**get** の過去形は**got**。ともに不規則動詞。
(6)「～し続ける」は**keep on ～ing**。**keep** は不規則動詞で過去形は**kept**。

4 (1)「(私が)～しましょうか」は**Shall I ～?** で表す。「夕食」は dinner。
(2) ミス注意! 「～はいかがですか」は**Would you like ～?** で表す。「トッピング」は複数形で toppings。
(3) tomato(トマト)や onion(タマネギ)は複数形にする。

p.24～p.25 予想問題

1 イ

2 (1)**went[came / got] home**
(2)**take care** (3)**run away** (4)**fell off**
(5)**made, of** (6)**take, away**

3 (1)**Would, like**
(2)**Shall I / please**
(3)**Can[May] I / Sure**
(4)**Will[Can] / right back**

4 (1)統治者[支配者]は，馬のレースを行っていました
(2)**said** (3)**take part**
(4)**got on his horse and went to**
(5)**The winner of the race**

5 (1)**Don't leave your bag here.**
(2)**I feel that this room is hot.**
(3)**The movie moved our hearts.**
(4)**She kept on listening to music.**

6 (1)**Shall I wash the dishes?**
(2)**Yes, please.**
(3)**I'd[I would] like to drink (some) water.**

解説

1 客は，水は断って，コーヒーを2つ欲しいと言っているので**イ**が正解。

A：Shall I bring some water?
B：No, thank you. Can we have two coffees?
A：Sure.

訳 A：水をお持ちしましょうか。
B：いいえ，けっこうです。コーヒーを2つ

いただけますか。
A：かしこまりました。

2 (1) ミス注意! これから家に **「帰宅する」** は **go home** で表す。go は不規則動詞で過去形は went。
(2)「～の世話をする」は take care of ～。**care** には **「世話」** という意味がある。
(3) **「逃げる，走り去る」** は **run away**。**〈try to ＋動詞の原形〉** で **「～しようとする」**。
(4)「～から落ちる」は fall off ～。fall の過去形は fell。
(5) **「…から～を作る」** は **make ～ out of …**。**make** は不規則動詞で過去形は **made**。
(6) **「～を…から取り上げる[奪う]」** は **take ～ away from …**。

3 (1)「～はいかがですか」は Would you like ～?。
(2)「(私が)～しましょうか」は Shall I ～?。「～**をお願いします」** と言うときは **～, please.**。
(3) ミス注意! **「～をいただけますか」** は **Can I have ～?** で表す。Can I ～? は「～してもいいですか」と許可を求める表現。「かしこまりました」と承諾(しょうだく)するときは **Sure.** と言う。
(4) **「～してくれませんか」** は依頼(いらい)を表す **Will you ～?** または **Can you ～?** で表す。「すぐにお持ちします」は **I'll be right back.(すぐ戻って来ます)** を使って I'll be right back with it.(それを持ってすぐ戻って来ます)と表す。right は「すぐに」，back は「戻って，帰って」。

4 (1) ruler は「統治者，支配者」。was having は，**〈was[were]＋動詞の -ing 形〉** の形の **過去進行形**。have には「～を行う」という意味がある。
(2)ある年の春の出来事を述べているので，文全体は過去の文。say も過去形にする。**say**[séi] は不規則動詞で過去形は **said**[séd]。
(3)「～に参加する」は take part in ～。
(4) **「～に乗る」** は **get on ～**。「馬に乗った」と「町へ行った」を and でつなげばよい。
(5)「誰(だれ)が支配者の娘と結婚するでしょうか」という質問。本文 1～2 行目参照。

5 (1) **「～を置いて[残して]いく」** は **leave** で表す。「～してはいけません」は，**〈Don't＋動詞の原形 ～.〉** の命令文にする。
(2) **「～だと感じる」** は **〈feel that＋主語＋動詞〉** で表す。この that は接続詞でよく省略される。
(3) **「～を感動させる」** は **move** で表す。move の後には our hearts「私たちの心」を続ける。
(4)「～し続ける」は keep on ～ing。

6 (1)「(私が)～しましょうか」は Shall I ～? を使う。「皿を洗う」は wash the dishes。
(2)「はい，お願いします」と答えるときは Yes, please. と言う。
(3) **「私は～したいです」** は **I'd[I would] like to ～.** で表す。I want to ～. よりていねいな表現になる。

Unit 4

p.28～p.29 テスト対策問題

1 (1)**イ** (2)**イ**

2 (1)**例** (2)**都市，都会** (3)**過去** (4)**島**
(5)**運動，(主に身体を)動かすこと**
(6)**中心，真ん中** (7)**tall** (8)**concert**
(9)**history** (10)**nature**

3 (1)**come back** (2)**example** (3)**as**
(4)**made，plan** (5)**check out**

4 (1)**are，girls**
(2)**Are there / there aren't**

5 (1)**自由の女神(めがみ)像はリバティ島にあります。**
(2)**Is there a ferry to the island?**
(3)**there is** (4)**leaves from**

6 (1)**Yuki a book** (2)**me shoes**

7 (1)**We have a lot of homework to do.**
(2)**Let's buy something to read.**

8 (1)**There is a piano in my room.**
(2)**I don't have time to watch TV.**
[I have no time to watch TV.]

解説

1 (1)ミキの家の近くにあるものを答えるので，正解は **イ**。**ア** の「駅」は近くにはないと言っている。

A：Miki, is there a station near your house?
B：No, there isn't. There is a park near my house.
Q：What is there near Miki's house?

訳 A：ミキ，あなたの家の近くには駅がありますか。
B：いいえ，ありません。私の家の近くには，公園があります。
質問：ミキの家の近くには何がありますか。

(2)ユイが持っているものを答えるので，正解は**イ**。「食べるものを持っていない」と答えた後で「飲むものは持っている」と言っている。

A：Yui, do you have anything to eat?
B：No, I don't, but I have something to drink.
Q：What does Yui have?

訳 A：ユイ，あなたは何か食べるものを持っていますか。
B：いいえ，持っていません，でも，飲むものは持っています。
質問：ユイは何を持っていますか。

3 (1)**「帰る，戻る」**は**come back**。
(4)**「計画を立てる」**は**make a plan**。過去の文なので過去形madeを使う。
(5)**「～を調べる，検討する」**は**check out ～**。

4 (1)manyは「たくさんの」という意味で名詞の複数形と共に使うので，後ろに続くgirlは複数形のgirlsにする。**名詞が複数**のときは，**There are ～.**となる。
(2)疑問文は**are**を**there の前**に出す。**there を使って答える。**

5 (1)Itは直前のthe Statue of Libertyを指している。It'sはIt isの短縮形で，be動詞(am, are, is)には「～にある[いる]」の意味がある。
(2)There is[are] ～.の疑問文のIs there ～?の形にする。a ferry to the islandで「その島へのフェリー」。
(4)**「去る，出発する」**は**leave**。

6 (1)**〈give＋もの＋to＋人〉**を**〈give＋人＋もの〉**に書きかえる。「彼はユキに1冊の本をあげるつもりです。」
(2)boughtはbuyの過去形。**〈buy＋もの＋for＋人〉**を**〈buy＋人＋もの〉**に書きかえる。「私の父は私に靴を買ってくれました。」

7 (1)**「～するべき…」**は**形容詞的用法**の**不定詞**を使って**〈名詞[代名詞]＋to＋動詞の原形〉**の語順で表す。
(2) ミス注意! **「何か～するためのもの」**は不定詞の形容詞的用法を使って**〈something＋to＋動詞の原形〉**の語順で表す。

8 (1)There is[are] ～.(～があります[います])の文にする。ピアノは1台と考えisを使う。
(2)不定詞の形容詞的用法「～する(ための)…」を使う。「テレビを見る(ための)時間」はtime to watch TVと表す。

ポイント
・〈There is[are]＋名詞＋場所を表す語句.〉で「…に～があります[います]」という意味を表す。

p.30～p.31 予想問題 ❶

1 エ
2 (1)**make, plan** (2)**came back[home]**
(3)**such, and** (4)**First, all**
(5)**meters tall** (6)**do exercise**
3 (1)**her a message** (2)**him souvenirs**
(3)**There is** (4)**There are** (5)**to do**
4 (1)**彼女は右手に何を(しっかり)持っているのですか。**
(2)**In the past** (3)**the leaflet to me**
(4)**tells you the history of the statue**
(5)**It guided ships.**
5 (1)**Nick has some books to read.**
(2)**There is a picture on the wall.**
(3)**Who made him the cake?**
6 (1)**There are five apples in the box.**
(2)**I have something to give you.**
(3)**He wrote me a letter.**

解説

1 マサヤは宿題がたくさんあるので，皿洗いを断っている。正解は**エ**。

A：Masaya, wash the dishes, please.
B：Sorry. I'm busy. I have a lot of homework to do today.

訳 A：マサヤ，お皿を洗ってください。
B：ごめんなさい。ぼくは忙しいです。今日するべき宿題がたくさんあります。

2 (1)「計画を立てる」はmake a planで表せる。
(2)「帰る，戻る」はcome back。過去の文なので，過去形cameにする。
(3)「～たとえば…」は**～, such as ...**で表せる。

(4) **「第一に，最初に」** は **first of all**。

(5) **「〜メートルの高さがある」** は，〜 **meter(s) tall** で表す。

(6) **「運動をする」** は **do exercise**。

3 (1)**〈send＋人＋もの〉**に書きかえる。「私は彼女にメッセージを送るでしょう。」

(2)**〈buy＋人＋もの〉**に書きかえる。「彼にお土産を買いましょう。」

(3)「私たちの市には大きな書店が1つあります」という意味。a big bookstore は単数なので There is 〜. の文に書きかえる。

(4) **ミス注意!** 「京都にはたくさんの神社があります」という意味。a lot of shrines は複数なので，There are 〜. の文に書きかえる。

(5) 「私は今日の午後，暇です」を，不定詞の形容詞的用法「〜すべき…」を使って「私は今日の午後，すべきことが何もありません」という意味の文に書きかえる。

4 (1) What is she holding 〜? は，What で始まる現在進行形**〈am[are, is]＋動詞の -ing 形〉**の疑問文の形。**hold** は**「〜をしっかり持って[つかんで]いる」**，in her right hand で「彼女の右手に」。

(2) **「過去に，これまで」** は **in the past**。

(3)**〈show＋人＋もの〉**を**〈show＋もの＋to＋人〉**に書きかえる。

(4)**〈tell＋人＋もの〉**の文にする。

(5) 「たいまつは夜，何をしましたか」という質問。本文3行目参照。

5 (2)〈There is＋単数名詞 〜.〉の文にする。場所を表す「壁に」は on the wall で表し，文末に置く。

(3)**〈make＋人＋もの〉**の文。「誰(だれ)が〜しましたか」は疑問詞が主語になるので，〈Who＋動詞 〜?〉で表す。

6 (1)リンゴが5個と複数なので, There are 〜. の文にする。「その箱(の中)に」は in the box。

(2)形容詞的用法の不定詞を使って文を作る。「あなたにあげるための何か」と考えて something to give you で表す。

(3)**〈write＋人＋もの〉**の文を作る。過去の文なので過去形の wrote を使う。

p.32〜p.33 予想問題 ❷

1 **エ**

2 (1)**example** (2)**did exercise**
(3)**have, time** (4)**Here's**
(5)**How beautiful** (6)**checked out**

3 (1)**He'll give me a present.**
(2)**Are there any books on the desk?**
(3)**Yes, there are.**
(4)**There aren't[are not] any books on the desk.**
(5)**Australia has many places to visit.**

4 (1)**そこにはとてもたくさんのするべきことがあります。**
(2)**First of all**
(3)**it is a wonderful place to enjoy nature**
(4)**ウ**
(5)**中心，大きく(て)，人気があります**

5 (1)**Yuka showed us some pictures.**
(2)**There is some milk in the cup.**
(3)**I want something cold to drink.**

6 (1)**There is a dog on the chair.**
(2)**Do you have anything to eat?**

解説

1 ケンタは明日祖母へのプレゼントを買いに行くので，正解は**エ**。

A：Kenta, what are you going to do tomorrow?
B：My grandmother's birthday is next week, so I'm going to buy her a present tomorrow.

訳 A：ケンタ，あなたは明日何をするつもりですか。
B：ぼくの祖母の誕生日が来週なので，明日は祖母にプレゼントを買うつもりです。

2 (1) 「たとえば」は **for example** で表せる。

(2) 「運動をする」は do exercise。過去の文なので，do を過去形 did にする。

(3) 「すばらしい時間を過ごす」は **have a great time**。

(4) **「ここに〜があります」** は **Here is 〜.** で表す。空所の数から短縮形 **Here's** を使う。

(5) **「なんて〜だ」** は **How 〜!** で表す。

(6)「～を調べる，検討する」は check out ～。

3 (1)**〈give＋人＋もの〉**の文に書きかえる。「彼は私にプレゼントをくれるでしょう」

(2)There is[are] ～. の疑問文は Is[Are] there ～? の形になる。疑問文や否定文では any を使う。「机の上に何冊か本がありますか」

(3)Is[Are] there ～? には there を使って答える。「はい，あります」

(4)There is[are] ～. の否定文は is[are]の後に not を置く。疑問文や否定文では any を使う。「机の上に本はありません」

(5) **ミス注意!**「オーストラリアには訪れるべきたくさんの場所があります」という意味。「～がある[いる]」を have[has]を使って表す。

4 (1)There are ～.(～がある)の文。to do は直前の many things を説明する形容詞的用法の不定詞。

(2)「まず第一に」は first of all。

(3)it is a wonderful place(それはすばらしい場所です)を作り，その後に place を説明する to enjoy nature(自然を楽しむための)を続ける。

(4)「天気がいいときは」となる When が適切。

(5)本文1, 2行目の内容をまとめる。center は「中心，真ん中」という意味。big は「大きい」, popular は「人気のある」。

5 (1)**〈show＋人＋もの〉**の文。

(2)There is ～. の文。some milk のような**数えられない名詞のときも is** を使う。

(3) **ミス注意!**「飲み物」は「飲むためのもの」と考えて something to drink で表す。-thing を修飾する形容詞は -thing の直後に置かれるので，**「何か冷たい飲み物」**は **something cold to drink** の語順になることに注意。

6 (1)There is[are] ～. の文にする。a dog は単数なので is を使う。「いすの上に」は on the chair。

(2) **ミス注意!** 疑問文なので，「何か食べるもの」は anything to eat とする。

Daily Life Scene 4

p.35 テスト対策問題

1 (1)**ア** (2)**イ**

2 (1)**地下鉄** (2)**(町の)通り**
(3)**博物館，美術館** (4)**分** (5)**straight**
(6)**left**

3 (1)**Excuse me** (2)**get to** (3)**get off**
(4)**near here** (5)**You're welcome**
(6)**Go straight** (7)**on，left**

4 (1)**Could you tell me the way to the park?**
(2)**How long does it take to get to the park?**
(3)**It takes about 30[thirty] minutes.**

解説

1 (1)劇場がどこにあるかを答えるので，正解は**ア**。

A：Excuse me. Could you tell me the way to the theater?
B：Sure. Go along this street. It's near the station.
Q：Where is the theater?

訳 A：すみません。劇場への道を教えていただけませんか。
B：わかりました。この道に沿って行ってください。駅の近くにありますよ。
質問：劇場はどこにありますか。

(2)今いる場所から学校まで 15 分かかると言っているので，正解は**イ**。数字を聞き間違えないようにしよう。

A：Yuta, how long does it take to get to your school from here?
B：It takes about 15 minutes.
Q：How long does it take to get to Yuta's school from here?

訳 A：ユウタ，ここからあなたの学校に着くのにどのくらいかかりますか。
B：約 15 分かかります。
質問：ここからユウタの学校に着くのにどのくらいかかりますか。

3 (1)**Excuse me.**(すみません)は人に話しかけるときに使う言葉。

(2)**「どのようにして～」**とたずねるときは **How** で始める。**「～に着く」**は **get to ～**。

(3)**「降りる」**は **get off**。

(4)**「この近くに[で]」**は **near here**。

(5) Thank you. などのお礼の言葉に答える決まり文句。

(6) **「まっすぐに」**は **straight**。

(7) **「左に」**は **on the left**。

4 (1) ミス注意! **「～していただけませんか」**はていねいな言い方なので，**Could you ～?** を使う。**Could you tell me the way to ～?** で**「～への道を私に教えていただけませんか」**とたずねる表現。

(2) ミス注意! **「どのくらい(の時間・期間)～」**とたずねるときは **How long ～?** を使う。時刻や時間を表すときは，**主語に it** を使うことに注意する。**「(時間)がかかる」**は **take** を使う。**How long does it take to get to ～?** で**「～に着くのにどのくらいかかりますか」**とたずねる表現。

(3) ミス注意! 主語に it を使うので take には s を付けて，**It takes ～.** とする。

ポイント
- Could you ～?「～していただけませんか」
- How long ～?「どのくらい～」

p.36～p.37 予想問題

1 ア

2 (1)**Excuse me** (2)**near here**
(3)**on, left** (4)**Where is** (5)**Get off**
(6)**in front** (7)**on, right**

3 (1)**Thank / You're welcome**
(2)**Could you / Sure**
(3)**How, get / Sorry**

4 (1)**東山動物園への道を私に教えていただけませんか。**
(2)**Take** (3)**get off**
(4)**How long does it take to get there?**
(5)**It takes about 20[twenty] minutes.**

5 (1)**How can they get to Tokyo?**
(2)**Could you tell me about the movie?**

6 (1)**Could you tell me the way to the station?**
(2)**Go straight along this street.**
(3)**How long does it take to get to the station?**
(4)**It takes about 5[five] minutes to (get to) the temple by bus.**

解説

1 現在地から通りに沿って進んだ先の左側に本屋があり，隣には市場があるので，正解は**ア**。

A：Excuse me. Could you tell me the way to a nearby bookstore?
B：Sure. Go along this street. There is one on the left. It is next to a market.

訳 A：すみません。この近くの本屋までの道を教えていただけませんか。
B：わかりました。この通りに沿って行ってください。左側に1つあります。市場の隣にあります。

2 (1)人に話しかけて「すみません」は Excuse me.。

(4)「～はどこにありますか」は Where is ～? で表す。

(5)「降りる」は **get off**。

(6) **「～の正面の[で・に]」**は **in front of ～**。

(7)「右」は right。

3 (1) **You're welcome.**(どういたしまして)は Thank you. などの**お礼の言葉に答える決まり文句**として使われる。

(2) ミス注意! Could you ～?(～していただけませんか)に応じるときは Sure. などと言う。断るときは Sorry, I can't. などと言う。

(3)「どのようにしたら」は方法をたずねるので How を使う。「～に着く」は get to ～。

4 (1) Could you tell me the way to ～? は「～への道を私に教えていただけませんか」。

(2) **「(乗り物)に乗っていく」，「(乗り物)を利用する」**は **take** で表す。

(3)「(乗り物から)降りる」は **get off**。

(4) ミス注意! 「そこへ着くのにどのくらいかかりますか」という意味の文にする。there は「そこへ」という意味の副詞なので**「そこへ着く」**というときは前置詞の to(～へ)は不要。**get there** となることに注意する。

(5)「約～かかります」は It takes about ～.。

5 (1) by train(電車で)は手段を表すので，how を使った疑問文にする。「彼らはどのようにして東京に着くことができますか」

(2)ていねいに依頼(いらい)する文は Could you ～? を使う。「その映画について私に教えていただけますか」

6 (1) Could you tell me the way to ～?(～への道を私に教えていただけませんか)の形で表す。
(2)「まっすぐに行く」は go straight,「この通りに沿って」は along this street。
(3) How long does it take to get to ～?(～に着くのにどのくらいかかりますか)の形で表す。
(4) ミス注意! It takes about ～. (約～かかります)の形で表す。

Unit 5

p.40～p.41 テスト対策問題

1 (1)イ (2)ア
2 (1)薬，薬剤 (2)理由，わけ
(3)～になる，～の状態になる
(4)役に立つ，有用な
(5)～を用意する，準備する
(6)すぐに，即座に (7)close (8)learn
(9)cover (10)group
3 (1)go into (2)holding on
(3)Stay away (4)don't think
4 (1)have to (2)has to
5 (1)must do (2)must not leave
6 (1)イ
(2)Do we have to take our bags?
(3)don't have to (4)don't know
(5)私は確かめる必要があるでしょう。
7 (1)They should go to bed early.
(2)You should not see the movie.
8 (1)You have to practice baseball.
(2)We must get up at six tomorrow.
(3)You should eat[have] vegetables.

解説

1 (1)マイが今日する必要があることを答えるので，正解は**イ**。
A：Mai, do you have any plans today?
B：Yes, I do. I have to visit my grandparents with my brother this afternoon.
Q：What does Mai have to do today?
訳 A：マイ，あなたは今日何か予定がありますか。
B：はい，あります。午後，兄[弟]と一緒に祖父母の家を訪ねる必要があります。
質問：マイは今日何をする必要がありますか。
(2)タカシは自分の部屋を掃除したほうがよいと言われ，昼食後に掃除すると答えているので，正解は**ア**。
A：Takashi, I think you should clean your room.
B：I know. But I'm going to do my homework in the morning. I'll clean it after lunch.
Q：What should Takashi do?
訳 A：タカシ，あなたは自分の部屋を掃除したほうがよいと思います。
B：そうですよね。でもぼくは午前中に宿題をするつもりです。昼食後に掃除します。
質問：タカシは何をするべきですか。

3 (1)**「～に入る」**は **go into ～**。
(2) ミス注意!**「しがみつく，つかまる」**は **hold on**。「～につかまる」は hold on to～となり，前置詞 to が続く形になる。問題文は現在進行形なので holding にする。
(3)**「～から離れている」**は **stay away from ～**。
(4) ミス注意!**「～とは思いません」**は **I don't think ～.** と言う。

4 (1)**「～する必要がある」**は**〈have to＋動詞の原形〉**で表す。
(2) have to ～の文は，主語が3人称(にんしょう)単数のときは，**has to** ～を使う。

5 (1)**命令文「～しなさい」**は，**You must ～(あなたは～しなければならない)**とほぼ同意で使うことができる。「全力を尽くしなさい。」→「あなたは全力を尽くさなければなりません。」
(2)**否定の命令文「～してはいけません」**は，**You must not ～. (あなたは～してはいけない)**とほぼ同意で使うことができる。「教室を出てはいけません。」

6 (1)**「かがむ，伏せる」**は **get down**，**「～の下に入る」**は **get under ～**。
(2)**「～する必要はありますか」**は **have to ～**の疑問文。Do を使った疑問文にする。
(3)直前の疑問文に対して，「いいえ，それらを持っていく必要はありません」と答えている。**「～する必要がない」**は **don't have to ～**で表

す。

(5) I'll は I will の短縮形。**will have to 〜**で「**〜する必要があるでしょう**」という未来の意味を表す。

7 (1)「**〜すべき**」は〈**should＋動詞の原形**〉で表す。

(2)「**あなたは〜しないほうがよい**」は **You should not[shouldn't] 〜.** で表す。

8 (1)語数指定があるので，「〜する必要がある」は have to 〜を使う。

(2)「〜しなければならない」は must を使って表す。 have to を使ってもほぼ同意の文になるが，語数があわない。

(3)「あなたは〜したほうがよい」と助言するときは，You should 〜. の形で表す。

ポイント

- have to 〜「〜する必要がある」
- don't have to 〜「〜する必要がない」
- must「〜しなければならない」
- must not「〜してはいけない」
- should「〜すべき，〜したほうがよい」

p.42〜p.43 予想問題

1 ウ

2 (1)**go into** (2)**Preparing, emergency**
(3)**in, group** (4)**keep, safe**
(5)**stay away** (6)**was an** (7)**Hold, to**

3 (1)**must do** (2)**must not go**
(3)**have to** (4)**has to**

4 (1)**Here's a checklist of items.**
(2)**Let's see** (3)**should pack**
(4)**you shouldn't forget some cat food for**
(5)**私は，あなたがそれら全てを持ってくる必要があるとは思いません**

5 (1)**You shouldn't go fishing.**
(2)**Does he have to speak English?**
(3)**She will have to go to the post office tomorrow.**

6 (1)**He doesn't have to help his father.**
(2)**You must not watch TV now.**
(3)**You should close the door quietly.**

解説

1 アヤは今日，イヌを散歩させなければならないので，テニスはできないと言っている。正解はウ。

A：Aya, let's play tennis after school.
B：Sorry, I can't. I have to go home early today.
A：What will you do?
B：I must walk my dog.

訳 A：アヤ，放課後テニスをしましょう。
B：ごめんなさい，できないです。今日は早く帰宅する必要があります。
A：何をするのですか。
B：私はイヌを散歩させなければなりません。

2 (1)「〜に入る」は go into 〜。into は「〜の中へ[に]」という意味。

(2) ミス注意!「**〜を用意する**」は **prepare**。主語になっているので動名詞 preparing にする。

(3)「**集団の中の[に・で]**」は **in a group**。

(4)「**〜の身の安全を確保する**」は **keep 〜 safe**。

(5)「**〜から離れている，〜に寄りつかない**」は **stay away from 〜**。

(6) ミス注意!「**〜がありました**」は There is [are] 〜.(〜があります)の過去の文の **There was[were] 〜.** で表せる。earthquake drill は単数名詞なので be 動詞は was を使い，earthquake の前には an を置く。

(7)「〜にしがみつく，つかまる」は hold on to 〜。

3 (1)「〜しなさい」という命令文と You must 〜. はほぼ同じ内容を表す。「宿題をしなさい。」→「あなたは宿題をしなければなりません。」

(2)「〜してはいけません」という否定の命令文と You must not 〜. はほぼ同じ内容を表す。「夜遅い時間に寝てはいけません。」

(3) must 〜の文は have to 〜を使ってほぼ同じ内容を表せる。「彼らは 9 時に到着しなければなりません。」

(4) ミス注意! have to 〜の文は，主語が 3 人称(にんしょう)単数のときは has to 〜となる。「彼は毎日，皿洗いをしなければなりません。」

4 (1) Here's 〜. で「ここに〜があります」という意味を表す。

(2)会話中に間を取るときの表現。

(3)「〜すべき」は should。「荷造りをする」は

pack。

(4)「あなたは～しないほうがよい」は You should not[shouldn't] ～. で表す。some cat food for Felix で「フェリックスのためのキャットフード」。

(5) I don't think ～. で「～とは思いません」という意味を表す。その内容が think 以下に述べられている。have to ～は「～する必要がある」, bring them all で「それら全てを持ってくる」という意味。

5 (1) You should not[shouldn't] ～. で「あなたは～しないほうがよい」。

(2)〈Do[Does]＋主語＋have to＋動詞の原形 ～?〉の形で「…は～する必要がありますか」。

(3)未来を表して「～する必要があるでしょう」は will have to ～で表す。

6 (1)「～する必要がない」は have to ～. の否定文で表す。主語 he は 3 人称(にんしょう)単数なので, doesn't have to ～となる。

(2)語数指定があるので「～してはいけません」を must not ～を使って表す。「テレビを見る」は watch TV。

(3)「あなたは～したほうがよい」は You should ～. で表す。「そのドアを閉める」は close the door,「静かに」は quietly。

Unit 6 ～ Let's Read 2

p.46 ～ p.47 テスト対策問題

1 (1)ア (2)ウ

2 (1)**気持ちを伝え合う，理解し合う**
(2)**試験，テスト** (3)**教える** (4)**注意，注目**
(5)**質問，問い** (6)**言語** (7)**east**
(8)**experience** (9)**mistake** (10)**child**

3 (1)**talk about** (2)**At first** (3)**am able**

4 (1)**to play** (2)**to see**

5 (1)**They are angry because you didn't come.**
(2)**Because I can skate, I like winter.**

6 (1)**helped, with**
(2)**私は小さな子供たちに魚の名前を紹介するために，プールのそばに立っていました。**
(3)**because we must take care of living things**
(4)**working at an aquarium**
(5)**She wants to learn more about sea animals.**

7 (1)**happy[glad] to** (2)**to lose**
(3)**excited to**

8 (1)**Mami studies English to be[become] a teacher.**
(2)**I want to eat[have] (some) sweets because I'm[I am] hungry. [Because I'm[I am] hungry, I want to eat[have] (some) sweets.]**
(3)**We were surprised to see[meet] her.**

解説

1 (1)なぜ卵が必要なのかを答える。正解は**ア**。

A：Nana, will you buy some eggs for me?
B：Sure, Father. Why do you need them?
A：I'll make a cake for you.
B：How nice!
Q：Why does Nana's father need some eggs?

訳 A：ナナ，私に卵を買ってくれませんか。
B：はい，お父さん。なぜ卵が必要なのですか。
A：あなたにケーキを作るつもりです。
B：なんてすてきなんでしょう。
質問：ナナの父親はなぜ卵が必要ですか。

(2)知らせを聞いたときの感情を答えるので，正解は**ウ**。**ア**は「少し悲しかった」，**イ**は「悲しくなかった」。

A：Kazuya, did you hear the news?
B：Yes, I did. I was very sad to hear that.
A：Me, too.
Q：How did Kazuya feel when he heard the news?

訳 A：カズヤ，あなたはあの知らせを聞きましたか。
B：はい，聞きました。ぼくはそれを聞いてとても悲しかったです。
A：私もです。
質問：カズヤは知らせを聞いたとき，どんなふうに感じましたか。

3 (1)「～について話す」は **talk about ～**。

(2)「最初は」は at first。
(3)「～することができる，～する能力がある」は be able to ～。

4 不定詞〈to＋動詞の原形〉の副詞的用法(目的)「～するために」を使った文にする。
(1)「彼らは公園に行きました。彼らはそこでサッカーをしました。」→「彼らはサッカーをするために公園に行きました。」
(2)「私は京都を訪れました。私はそこでおじに会いました。」→「私はおじに会うために京都を訪れました。」

5 接続詞 because を使って，行動や状態の理由や原因を説明する文にする。
(1) ミス注意! コンマ(,)は与えられていないので，because のまとまりは文の後半に置く。
(2) ミス注意! コンマが与えられているので，because のまとまりは文の前半に置く。

6 (1)「～が…するのを手伝う」は help ～ with …。
(2) to introduce は副詞的用法(目的)の不定詞で「～を紹介するために」。introduce ～ to … で「～を…に紹介する」。
(3) because(～なので)で始める。must(～しなければならない)の後に take care of ～(～の世話をする)を続ける。
(5)「エリは今，何を学びたいですか」という質問。本文4行目参照。

7 不定詞の副詞的用法(原因)「～して…」の文。
(1)「うれしい，うれしく思う」は happy[glad]。
(2)「～で負ける」は lose を使う。
(3)「わくわくして」は excited。

8 (1)「マミは英語を勉強します」＋「教師になるために」の順に文を組み立てる。
(2)「私は空腹なので」という理由は接続詞 because を使って表す。
(3)「私たちは驚きました」＋「彼女に会って」の順に文を組み立てる。

ポイント
不定詞の副詞的用法の2つの意味
・「～するために」という意味で目的を表す。
・「～して…」の意味で感情の原因を表す。

p.48～p.49 予想問題

1 エ

2 (1)made friends (2)times, day (3)passed, exam (4)pay attention to (5)at, best

3 (1)of (2)On (3)in (4)At

4 (1)Where are, from (2)to win (3)to get (4)because, wanted

5 (1)イ
(2)They gave me a place to practice.
(3)私は彼らの援助を受けてうれしく思いました。
(4)could, because

6 (1)I'm in the library to borrow some books.
(2)I want to go to Australia to see koalas.
(3)We were very excited to ride an elephant.
(4)Because he was tired, he went to bed early.

7 (1)My brother got up at seven (o'clock) to run in the park.
(2)He got angry to read the letter.
(3)Because I like music, I want to be [become] a singer. [I want to be [become] a singer because I like music.]

解説

1 明日のアキラを表している絵を選ぶ。
A：Akira, shall we go fishing together tomorrow?
B：I'm sorry, I can't.
A：Why?
B：I'm going to go shopping because I want to buy shoes.

訳 A：アキラ，明日一緒に釣りに行きませんか。
B：すみませんが，行けません。
A：なぜですか。
B：靴を買いたいので買い物に行くつもりです。

2 (1)「友達になる」は make friends。
(2)「1日に～回[度]」は～ times a day。
(3)「試験に受かる」は pass the exam。
(4)「～に注意を払う」は pay attention to ～。

(5)**「最高の状態で」**は**at one's best**。

3 (1)**way of ～**で**「～するやり方，～の方法」**。「私は彼の考え方はおもしろいと思います。」

(2)**on the other hand**で**「他方では，これに対して」**。「英語は私には簡単です。他方で，数学は私には難しいです。」

(3)**succeed in -ing**で**「～(すること)に成功する」**。「彼はその山に登ることに成功しました。」

(4)**at first**は**「最初は，始めは」**。「最初は，私は彼が好きではありませんでした。」

4 (1)**「出身はどちらですか」**と相手にたずねるときは**Where are you from?**と言う。

(2)**目的を表す不定詞の副詞的用法(～するために)**を使って1文にする。toの後の動詞はwonの原形winにする。「彼は試合に勝つために熱心にテニスを練習しました」という意味になる。

(3) **ミス注意!** **原因を表す不定詞の副詞的用法(～して…)**を使って1文にする。toの後の動詞は原形のgetにする。「私は彼からプレゼントをもらって驚きました」という意味になる。

(4) **ミス注意!** **～, so ...**は**「～，それで…」**という意味。「～」が理由にあたるので，**becauseを使って書きかえる**。ここではbecause ～(～なので)のまとまりが文の後半にきている。「彼女はテレビを見たいと思っていました，だから彼女は早く帰宅しました。」→「彼女はテレビが見たいと思っていたので，早く帰宅しました。」

5 (1)to supportは目的を表す副詞的用法の不定詞(～するために)。**ア**「私は漫画本を読むことが好きです。」(名詞的用法)**イ**「私は学校へ行くためにその自転車を使います。」(副詞的用法(目的))**ウ**「彼女は飲むものが何もありませんでした。」(形容詞的用法)

(2)**〈give＋人＋もの〉**の文。「もの」がa place to practice(練習するための場所)。to practiceはa placeを修飾する形容詞的用法の不定詞。

(3)to receive以下が(was) gladという感情の原因を表す不定詞の副詞的用法の文。

(4)be able to ～とcan(～できる)はほぼ同じ意味を表すので，**was able to ～**はcanの過去形**could**と言いかえられる。**because of ～**は**「～の理由で，～が原因で」**という意味なので，because of以下は「人々が私を支援してくれたので」と言いかえられる。

6 (1)「私は図書館にいます」＋「本を数冊借りるために」という順に文を組み立てる。

(2)「私はオーストラリアに行きたいです」＋「コアラを見るために」という順に文を組み立てる。

(3)「私たちはとてもわくわくしました」＋「ゾウに乗って」という順に文を組み立てる。

(4)「疲れていたので」をbecause ～の形で表す。コンマ(,)があるので，becauseのまとまりは文の前半に置く。

7 (1)「弟は7時に起きました」＋「公園で走るために」の順で文を組み立てる。「～するために」は目的を表す副詞的用法の不定詞で表す。

(2)「彼は怒りました」＋「その手紙を読んで」という順で文を組み立てる。「～して」は感情の原因を表す副詞的用法の不定詞で表す。

(3)「私は音楽が好きなので」は理由を表すのでbecause ～の形で表す。

Unit 7

p.52～p.53 テスト対策問題

1 (1)**イ** (2)**ウ**

2 (1)**深い** (2)**値段が高い，高価な** (3)**湖** (4)**事実** (5)**自然の，天然の** (6)**大陸** (7)**quiz** (8)**river** (9)**million** (10)**earth**

3 (1)**Exactly** (2)**famous for** (3)**more than** (4)**In fact** (5)**One fifth** (6)**Some，Others**

4 (1)**longer** (2)**faster** (3)**largest** (4)**busier** (5)**earliest**

5 (1)**as tall as** (2)**ウルルは神聖な場所です** (3)**for the Aboriginal people of the area** (4)**Yes, it is.**

6 (1)**more popular** (2)**the most beautiful**

7 (1)**My dog is as big as yours.** (2)**He is not as careful as you.**

8 (1)**Your computer is newer than mine.** (2)**This book is more difficult than that**

(one[book]).

解説

1 (1)レンは，国語は簡単だが，理科のほうが国語より簡単だと言っているので，正解は**イ**。

A：I think that Japanese is easy. Ren, what do you think?
B：I think so, too. But for me, science is easier than Japanese.
Q：Which is easier for Ren, Japanese or science?

訳 A：国語は簡単だと私は思います。レン，あなたはどう思いますか。
B：ぼくもそう思います。でもぼくにとって理科のほうが国語より簡単です。
質問：レンにとって，国語と理科では，どちらが簡単ですか。

(2)ユミは，遊園地が町でいちばん人気のある場所だと言っているので，正解は**ウ**。

A：Yumi, there is an aquarium in my town. You can see many kinds of fish there.
B：My town doesn't have an aquarium. But we have a museum, an amusement park, and a zoo. The amusement park is the most popular place in my town. Many people visit it.
Q：What is the most popular place in Yumi's town?

訳 A：ユミ，私の町には水族館があります。そこで多くの種類の魚を見ることができます。
B：私の町には，水族館はありません。でも，美術館，遊園地，動物園があります。遊園地が私の町でいちばん人気のある場所です。多くの人が訪れます。
質問：ユミの町でいちばん人気のある場所は何ですか。

3 (2)**「〜で有名な」**は**be famous for 〜**。
(3)**「〜より多い」**は**more than 〜**。
(4)**「実際は，実のところ」**は**in fact**。
(5)**「5分の1」**は**one fifth**。
(6)**「〜がいる一方で，〜もいる」**は**Some 〜. Others 〜.**。

4 (1)(2)(4) **than** があるので**比較級**の文。(3)(5)前に **the** があるので**最上級**の文。
(1) long の比較級は **longer**。語尾に **er** を付ける。
(2) fast の比較級は **faster**。
(3) large の最上級は **largest**。語尾が **e で終わるので st** を付ける。
(4) ミス注意！ busy の比較級は **y を i に変えて er** を付ける。
(5) ミス注意！ early の最上級は **y を i に変えて est** を付ける。

5 (1)**「…と同じくらい〜」**は**〈as＋形容詞[副詞]＋as ...〉**で表す。
(2) **It's** は **It is の短縮形**。It は1行目の Uluru を指す。**sacred** は**「神聖な」**，**site** は**「場所，遺跡」**。
(4)「ウルルはとても大きな岩ですか」という質問。

6 (1)比較級の文。popular(人気のある)の比較級は前に more を置いて **more popular** となる。
(2)最上級の文。beautiful(きれいな)の最上級は前に the と most を置いて **the most beautiful**。

7 (1)「…と同じくらい〜」は〈as＋形容詞[副詞]＋as ...〉。yours は your dog のこと。
(2)**「…ほど〜ではない」**は**〈not as＋形容詞[副詞]＋as ...〉**で表す。

8 (1)比較級の文を作る。new(新しい)の比較級は **er を付けて newer**。**「私のもの」**は **mine**。
(2)比較級の文を作る。difficult の比較級は **more difficult**。

ポイント
- 「…より〜」は〈比較級＋than ...〉で表す。
- 「いちばん〜」は〈the＋最上級〉で表す。

p.54〜p.55 予想問題

1 ウ

2 (1)**Are, ready** (2)**One, most**
(3)**must be** (4)**More than**
(5)**famous for** (6)**do, quiz**
(7)**second, biggest[largest]**

3 (1)**smaller than** (2)**easier than**
(3)**the fastest** (4)**as old as**
(5)**more exciting than**

4 (1)①**largest** ③**larger**
(2)**オーストラリアはいちばん小さい大陸だ**

と言う人もいます。

(3)**Australia's** (4)**In fact**

(5)**population is about one fifth of Japan's**

5 (1)**Which animal is the most popular [Which is the most popular animal] in this zoo?**

(2)**I think that bag is nicer than this one.**

(3)**This box is as heavy as that one.**

(4)**I didn't practice tennis as hard as Kumi.**

6 (1)**Yuri is the kindest student in the class.**

(2)**What is the most important thing for you?**

解説

1 エリはマミコより背が高く，ユキはエリより背が高いので，正解は**ウ**。

A：Eri, you're taller than Mamiko, right?

B：Yes, but Yuki is taller than me. Yuki is the tallest in my class.

訳 A：エリ，あなたはマミコより背が高いですよね。

B：はい，でもユキは私より背が高いです。ユキはクラスでいちばん背が高いです。

2 (1)**「用意はできていますか」**は**Are you ready?**。

(2)**「最も～な…のうちの1つ」**は**〈one of the＋最上級＋名詞の複数形〉**で表す。

(3)**「～に違いない」**は助動詞**must**で表す。trueは形容詞なので，mustの後にはbe動詞が必要。

(5)「～で有名な」はbe famous for ～。

(7)**「2番目に～な」**は**the second-最上級**。

3 (1)「私のイヌは彼のより大きいです。」→「彼のイヌは私のより小さいです。」

(2)「この質問はあの質問より難しいです。」→「あの質問はこの質問より簡単です。」

(3)「私はエミより速く走ることができます。エミはサキより速く走ることができます。」→「私は3人の中でいちばん速く走ることができます。」

(4)「ジュンは13歳です。ショウも13歳です。」→「ジュンはショウと同じ年齢です。」「…と同じくらい～」はas ～ as …。

(5) ミス注意! **A is not as ～ as B.**「AはBほど～ではない」は，**B is ～ than A.**「BはAより～です」と言いかえることができる。「この漫画本はあの漫画本ほどわくわくしません。」→「あの漫画本はこの漫画本よりわくわくします。」

4 (1)①空所の前にtheがあり，文末にin the worldがあるので最上級largestが適切。③空所の後にthanがあるので比較級largerが適切。

(2) Some ～. Others ～.は「～がいる一方で，～もいる」。itはAustraliaを指す。

(3)**its**は**「その，それの」**という意味なので，Australia'**s**(オーストラリア**の**)が適切。

(5)「5分の1」はone fifth。「約」はabout。

5 (1)最上級の文。「どの動物が」はwhich animal。popular(人気がある)の最上級はthe most popular。

(2)比較級の文。「～だと思います」はI think ～。「～よりすてき」はnicer than ～。

(3)「…と同じくらい～」はas ～ as …。「～」には形容詞heavy(重い)を置く。「あの箱」はboxの繰り返しをさけてthat oneとなる。

(4)「私はテニスを練習しませんでした」の後に「同じくらい熱心に」**as hard as**を続ける。

6 (1)「いちばん親切な生徒」はkindの最上級を使ってthe kindest studentとなる。

(2)「～は何ですか」なのでWhat is ～?の形。「最も大切なこと」はthe most important thing。

Unit 8 ～ Let's Read 3

p.58～p.59 テスト対策問題

1 (1)イ (2)ウ

2 (1)**便利な，都合のよい** (2)**会話**

(3)**よく，たびたび** (4)**公演，上演**

(5)**実は，実際のところ** (6)**違い，相違**

(7)**star** (8)**mean** (9)**clock** (10)**lonely**

3 (1)**each other** (2)**any case**

(3)**both, and** (4)**from, top**

(5)**side, side** (6)**give, best**

4 (1)**played** (2)**painted** (3)**built**
(4)**written** (5)**spoken**

5 (1)**can**
(2)**I don't know anything about acting or**
(3)**実は，ステージは私を緊張させます。**
(4)**Don't worry**

6 (1)**made me** (2)**call her**

7 (1)**you to** (2)**told, to** (3)**asked, to**

8 (1)**The movie made her famous.**
(2)**I don't want you to go there.**

解説

1 (1)図書館は閉まっていたので，正解は**イ**。

A：Daiki, why did you go to the library yesterday?
B：To study there. But the library was closed, so I studied at home.
Q：Was the library open or closed?

訳 A：ダイキ，あなたは昨日なぜ図書館へ行ったのですか。
B：そこで勉強するためです。でも，図書館は閉まっていました。それで家で勉強しました。
質問：昨日，図書館は開いていましたか，それとも閉まっていましたか。

(2)本を読むことがリナを幸せにする。正解は**ウ**。

A：My favorite thing is seeing movies. How about you, Rina?
B：I like reading books. That makes me happy.
Q：What makes Rina happy?

訳 A：私のお気に入りのことは映画を見ることです。あなたはどうですか，リナ。
B：私は本を読むことが好きです。それは私を幸せにします。
質問：何がリナを幸せにしますか。

3 (1)**「お互い」**は**each other**。
(2)**「ともかく，いずれにせよ」**は**in any case**。
(3)**「～と…のどちらも」**は**both ～ and ...**。
(4)**「初めから」**は**from the top**。
(5)**「左右に」**は**from side to side**。
(6)**「全力を尽くしましょう」**は**Let's give it our best shot!**という。

4 **〈be 動詞＋過去分詞〉の受け身の文**にする。
(1)「サッカーはたくさんの子供によってプレーされています。」play の過去分詞は played。
(2)「この絵は昨日描かれました。」paint の過去分詞は painted。
(3)「私の家は 20 年前に建てられました。」**build – built – built** と変化する。
(4) **ミス注意!** 「その本は太宰治によって書かれました。」**write – wrote – written** と変化する。
(5) **ミス注意!** 「英語は多くの国で話されています。」**speak – spoke – spoken** と変化する。

5 (1)最終行にある can を使って，Can you ～?(～してくれませんか)の文にする。
(2)I don't know anything(私は何も知りません)の後に about acting or dancing(演じることやダンスをすることについて)を続ける。
(3)**〈make＋人＋形容詞〉**で**「(人)を～にする」**。

6 (1)「その本を読んだとき，私は悲しかったです。」→「その本は私を悲しくさせました。」〈make＋人＋形容詞〉「(人)を～にする」の文にする。
(2)「彼女は友達にベスとよばれています。」→「友達は彼女をベスとよびます。」**〈call＋人＋名詞〉「(人)を～とよぶ」**の文にする。

7 (1)**「(人)に～してほしい」**は**〈want＋人＋不定詞〉**の形で表す。
(2) **ミス注意!** **「(人)に～するように言う」**は**〈tell＋人＋不定詞〉**の形で表す。tell の過去形は told。
(3)**「(人)に～するよう頼む」**は**〈ask＋人＋不定詞〉**の形で表す。

8 (1)「(人)を～にする」は〈make＋人＋形容詞〉。
(2)「(人)に～してほしくない」は〈want＋人＋不定詞〉の否定文。**I don't want** ～で始める。

ポイント
- 受け身の文「～されている，～される」は〈be 動詞＋過去分詞〉の形で表す。

p.60～p.61 予想問題 ❶

1 イ

2 (1)**on, side** (2)**both, and**
(3)**Why don't** (4)**blew, lines**
(5)**That's why** (6)**one, other**

3 (1)**is cleaned** (2)**was used**
(3)**makes me** (4)**call, dog** (5)**want, to**

4 (1)**like**
(2)**トランペットを左右に動かすこと**
(3)**it'll look great on stage**
(4)**from, top**
(5)**彼女はただ私たちに最善を尽くしてほしいだけです。**
5 (1)**The shrine was built 100 years ago.**
(2)**asked me to go to the zoo with them**
(3)**I don't want you to watch TV now.**
6 (1)**Was the book written by Mike?**
(2)**My grandmother called the cat Tama.**

解説

1 カイトは母親に食卓の準備を頼まれているので，正解は**イ**。

A：I'm very tired. Can you help me, Kaito?
B：Sure, Mother. What should I do?
A：I want you to set the table.
B：OK.

訳 A：私はとても疲れています。カイト，手伝ってくれませんか。
B：はい，お母さん。何をしたらいいですか。
A：あなたに食卓の準備をしてほしいです。
B：わかりました。

2 (1)**「～の味方で」**は**on one's side**。
(2)「～と…のどちらも」は both ～ and ...。
(3)**「～しませんか」**は**Why don't we ～?**。
(4)**「せりふを忘れる」**は**blow one's lines**。過去の文なので blow の過去形 blew を使う。
(5)**「それが～の理由です」**は**That's why ～.**。
(6)**「一方では～。他方では，～」**は**On one hand ～. On the other hand ～.**。

3 (1)「ミカはあの部屋を掃除します。」→「あの部屋はミカによって掃除されます。」受け身〈be 動詞＋過去分詞〉の文にする。clean の過去分詞は cleaned。
(2) ミス注意!「兄[弟]はこのカメラを使いました。」→「このカメラは兄[弟]によって使われました。」過去の受け身の文にする。use の過去分詞は used。be 動詞は過去形の was になることに注意。
(3)「その映画を見るとき私は悲しくなります。」→「その映画を見ることは私を悲しくさせます。」〈make＋人＋形容詞〉「(人)を～にする」の文にする。
(4)「私たちはイヌを飼っています。その名前はハナです。」→「私たちは私たちのイヌをハナとよびます。」〈call＋もの＋名詞〉「(もの)を～とよぶ」の文にする。
(5)「私と一緒に買い物に行ってくれませんか。」→「私はあなたに私と一緒に買い物に行ってほしいです。」〈want＋人＋不定詞〉「(人)に～してほしい」の文にする。

4 (1)「～のような」は前置詞 like で表せる。
(2)この文の hard は「難しい」という意味。コウタはエリの最初の発言で求められたことについて難しいと言っている。〈want＋人＋不定詞〉は「(人)に～してほしい」，from side to side は「左右に」という意味。
(3)**〈look＋形容詞〉**で**「～に見える」**。
(4)「初めから」は from the top。
(5)〈want＋人＋不定詞〉「(人)に～してほしい」の文。just は「ただ～だけ」という意味。

5 (1)「建てられました」なので，**過去の受け身**の文。**〈was[were]＋過去分詞〉**で表す。～ **year(s) ago** で**「～年前」**という意味。
(2)**「(人)に～するよう頼む」**は**〈ask＋人＋不定詞〉**で表すことができる。
(3)「(人)に～してほしくない」は〈want＋人＋不定詞〉の否定文で表す。I don't want ～の形になる。

6 (1)受け身の疑問文は〈be 動詞＋主語＋過去分詞～?〉の形になる。過去の文で，主語 the book は 3 人称(にんしょう)単数なので be 動詞は was を使う。write(～を書く)の過去分詞は written。
(2)〈call＋もの＋名詞〉で「(もの)を～とよぶ」。

p.62～p.63 予想問題 ❷

1 **ア**
2 (1)**same** (2)**is read** (3)**By, way**
(4)**based on** (5)**any case**
3 (1)**built** (2)**written** (3)**to join**
(4)**to help**
4 (1)**is visited** (2)**Were, painted**
(3)**isn't liked** (4)**made him**
5 (1)①**エ** ③**ウ**
(2)**they are used by people around the**

world in
(3)each other
(4)私たちは言葉を選ぶとき，注意深く[慎重に]なるべきです。
(5)emojis

6 (1)**What language is spoken in your country?**
(2)**We call the bird *hato* in Japanese.**
(3)**Do you want me to stay here?**

7 (1)**My car was made in Japan last year.**
(2)**His story always makes her surprised.［His stories always make her surprised.］**
(3)**Ms. Tanaka told us to be quiet.**

解説

1 木の下にいるイヌがポンという名前。正解は**ア**。

A：Is this cat yours?
B：No. The dog under the tree is mine.
A：What a cute dog! What is its name?
B：We call it Pon.

訳 A：このネコはあなたのですか。
B：いいえ。木の下にいるイヌが私のです。
A：なんてかわいいイヌなのでしょう！名前は何ですか。
B：私たちはそれをポンとよんでいます。

2 (1)**「～と同じ…」**は**the same ... as ～**。
(2)**「読まれている」**は**is read**と受け身で表す。readの過去分詞は原形と同じ形。
(3)**「ところで」**は**by the way**。
(4)**「～をもとにしている」**は**be based on ～**。
(5)「ともかく，いずれにせよ」はin any case。

3 (1)「この城は何年も前に建てられました。」〈be動詞＋過去分詞〉の受け身の文にする。buildの過去分詞はbuilt。
(2)「これらの小説は英語で書かれています。」受け身の文にする。writeの過去分詞はwritten。
(3)「私はあなたに私たちのクラブに参加してほしいです。」〈want＋人＋不定詞〉の文にする。
(4)「彼らは私に彼らを手伝うよう頼みました。」〈ask＋人＋不定詞〉の文にする。

4 (1)「多くの観光客がこの島を訪問します。」→「この島は多くの観光客によって訪問されます。」
(2) ミス注意!「ケンタはこれらの絵を描きましたか。」→「これらの絵はケンタによって描かれましたか。」**受け身の疑問文〈be動詞＋主語＋過去分詞 ～?〉**の形にする。
(3) ミス注意!「子供たちはこの食べ物が好きではありません。」→「この食べ物は子供たちによって好かれていません。」**受け身の否定文〈主語＋be動詞＋not＋過去分詞 ～.〉**の形にする。
(4)「彼はテニスをしたとき幸せでした。」→「テニスをすることは彼を幸せにしました。」〈make＋人＋形容詞〉の文に書きかえる。

5 (1)① be bornで「生まれる」。「絵文字は日本で生まれたが，今は世界で使われている」という流れ。主語はEmojisと複数形なのでwereを選ぶ。
③ There is[are] ～. の文。空所の後にlanguages and culturesと複数を表す語が続くので，areが適切。現在の状況を述べている。
(2)「使われている」なので受け身のare used。「～によって」はby ～，「世界のあちこちの人々」はpeople around the world，「いろいろな方法で」はin different ways。
(3)「お互い」はeach other。
(4)この**when**は**「～するとき」**という意味の接続詞。**should**は**「～すべきである」**。
(5)直前の文の「言葉を選ぶときは注意するべきです」に続いて，「(言葉と同じように)絵文字を選ぶときも注意するべきです」と考える。

6 (1)**what language**で始まる受け身の疑問文。
(2)〈call＋もの＋名詞〉の文。
(3)〈want＋人＋不定詞〉の文。

7 (1)受け身の文。「作られた」はwas made。
(2) ミス注意!〈make＋人＋形容詞〉の文。「驚いた」という形容詞はsurprised。
(3)**「(人)に～するように言う」**は**〈tell＋人＋不定詞〉**。tellの過去形はtold。「静かな」は形容詞quiet。